子どもの命と未来を守る！

「防災」新常識

～パパ、ママができる!! 水害・地震への備え～

アナウンサー／防災士／環境省森里川海アンバサダー

奥村 奈津美

Natsumi Okumura

辰巳出版

はじめに

この本は、「妊娠・出産したら読む防災の本」です。
妊産婦、乳幼児、障がい児、それぞれに必要な「特別な備え」があります。

今、大きな災害が起きたら、あなたは、子どもの命を守れますか？
・あなたの自宅は、大きな地震に耐えられる家でしょうか？
・海の近くの方は、津波の到達前に、子どもとどう避難しますか？
・豪雨や台風の時、どのタイミングでどこへ避難しますか？

パパ・ママの知恵が子どもの命の分かれ目。
災害が起きてからでは何もできないと認識し、今、備える必要があるのです。

そして、備えには順番があり、その順番を間違えると、防災グッズをどれだけ買い揃えても、使う前に命を落としてしまうことがあります。また、普段使えるものでないと、災害時に使いこなせません。

地球温暖化の影響や新型コロナウイルスの感染拡大もあり、地球のフェーズは変わっています。


この本では、最新情報や専門家の分析をもとに、備えるべきことを優先順にお伝えしていきます。

つまり、読み進めながら備えれば、あなたと家族の防災力は確実に高まるようになっています。


「わが子を守るために、できることはないか」

「防災」という言葉には、大切な人を守りたいと思う「愛」が詰まっています。

「防災」に取り組むことで、人間関係も変わってきます。

そして、一人ひとりの防災力が高まることは、地域、そして日本の、より良い未来につながると信じています。

「防災」は未来へのプレゼント

一緒に「防災」に取り組みながら、持続可能な未来を、子どもたちに残していきませんか？

防災とわたし

2011年3月11日午後2時46分、私は仙台市内の自宅マンション（7階）に一人でいました。恥ずかしながら、当時は、何も対策をしておらず、地震の揺れで、ありとあらゆるものが降ってきました。そして、重さ30キロのオーブンレンジも飛んできて、私のすぐそばに落ちました。もし、ぶつかっていたら、命を失っていたかもしれません。

宮城県のテレビ局でアナウンサーをしていた私は、揺れが収まった後、自宅から放送局へ向かい、72時間の緊急報道に携わりました。

「○○で、何百体のご遺体が見つかりました」

「行方不明の方のお名前を全て読み上げます」

この世のこととは思えない被害状況を、全国の人に向けて、助けを求める気持ちで伝え続けましたが、正直、今も無力さと悔しい気持ちが残っています。

取材でお世話になった方々、いつも番組を見てくださっていた視聴者の皆さん。大勢の方と、あの日を境に会えなくなりました。

「二度と同じ思いをしたくない」

以来、この10年間、防災をライフワークに取り組んできました。

防災士や、福祉防災認定コーチの資格を取得するとともに、担当番組で防災特集を組んだり、被災地の状況をリポートしたりしてきました。また、地域の防災訓練などにも携わってきました。

残念ながら毎年のように災害が発生しています。災害のたびに全国の被災地を訪れ、取材やボランティア活動に参加してきましたが、豪雨災害など気象災害を受けた被災地へ訪れる中で、気候変動対策や地球、自然を守ることは、防災においても重要なのだと感じるようになりました。

「防災×温暖化対策」に取り組まなければ、これからもっと災害で苦しむ人が増えてしまう。自分自身も母親となり、未来の予測に、より危機感を持つようになりました。

今は、新型コロナウイルスによる感染拡大というパンデミックにも見舞われています。緊急地震速報が鳴るような地震、相次ぐ豪雨災害に台風。複合災害への備えが必須の時代になっています。不安になったママ友たちからも、防災に関する相談をこれまで以上に受けるようになりました。

「コロナ禍でもできることはないか」と考え、緊急事態宣言中の2020年5月、オンラインで防災訓練を始めました。毎週開催し、全国各地から多くのパパ、ママが参加してくださっています。子どもの命を守るためにできることを知りたい、愛に溢れた方々と触れ合う中で、「妊娠・出産したら読む防災の本」を作りたいという気持ちが大きくなりました。

ご縁をいただき、このような形で出版する運びとなりました。自分自身、子どもができ、自分より大切な存在を実感するという不思議な感覚になりましたが、同時に、守るためにはどうしたら良いのだろう、という不安な気持ちも大きくなりました。

そういった中でたどり着いた「絶対に知っておくべき防災情報」がありました。

「防災に正解はない」これをやったら絶対に大丈夫というものは、残念ながらありません。しかし、「知らないことは、なかったこと」知っていることで、守れる命があります。

被災された方々から頂いた多くの教訓、そして、様々な分野で研究を続ける専門家の方々の知見を、一人でも多くの方に伝えられれば幸いです。

災害でこれ以上苦しむ人が増えないよう、願いを込めて。

防災士・アナウンサー　奥村奈津美

2011年3月　東日本大震災の被災地取材にて

プロローグ

第1章 「水害」から子どもの命を守る

第2章 「地震」から子どもの命を守る

第3章 子どもたちの「命をつなぐ・避難生活」について考える

第4章　「自宅を最強の避難所」にする方法

第5章 非常持ち出し袋の作り方 子どもにも用意していますか?

第6章 子どもの未来を守る！「毎日」できること

この本は、インタビューの一部を、動画で見ることができます。
QRコードから読者限定公式LINEにご登録頂き、メニューバーからご覧ください。

装丁 ◎ 仲亀 徹（ビー・ツー・ベアーズ）
撮影 ◎ SOLA　◎ Yoren German
編集協力 ◎ Megumi
イラスト ◎ さの はるか　◎ まちょ
本文デザイン／DTP／図版 ◎ 笹森 識（サッシィファム・クリエイティブ）
校正 ◎ 上田康晴（オフィス銀杏の栞）
企画・編集担当 ◎ 湯浅勝也

第1章

「水害」から子どもの命を守る

1 今、水害への備えが必要な理由

毎年のように、各地で甚大な水害が発生しています。これまでに経験したことのないような豪雨により川が氾濫し、多くの家が水に浸かり、そして、多くの方が犠牲になっています。

その**原因の一つが、「地球温暖化」**と言われています。今、地球は、産業革命前と比べ、平均気温が1度以上、上昇した状態です。災害級の猛暑に加え、豪雨や台風災害の激甚化など、その影響が考えられます。

2020年の環境白書には初めて**「気候危機」**という言葉が使われ、**「今後、豪雨災害等の更なる頻発化・激甚化などが予測**されており、将来世代にわたる影響が強く懸念されます。こうした状

況は、もはや単なる「気候変動」ではなく、私たち人類や全ての生き物にとっての**生存基盤を揺るがす「気候危機」**とも言われています」と記述しています。

たとえば、豪雨。時間雨量100ミリ以上の豪雨の回数が増加しており、今後、温暖化が進行すると、**21世紀後半には豪雨の多い年が目立つ**という予測データも出ています。（下グラフ参照）

地球のフェーズは変わってしまったのです。「これまで大丈夫」でも「これからは大丈夫ではない」そう思って対策することが大事です。とくに子どもの命を守る私たち親は、これまで以上に意識して、水害について知り、備えることが必要なのです。

日本国民の4人に1人は、浸水の恐れのある場所に暮らしている、という調査結果もあります。

（産經新聞2020年8月11日）

日本の夏季（6〜8月）の豪雨日数の変化

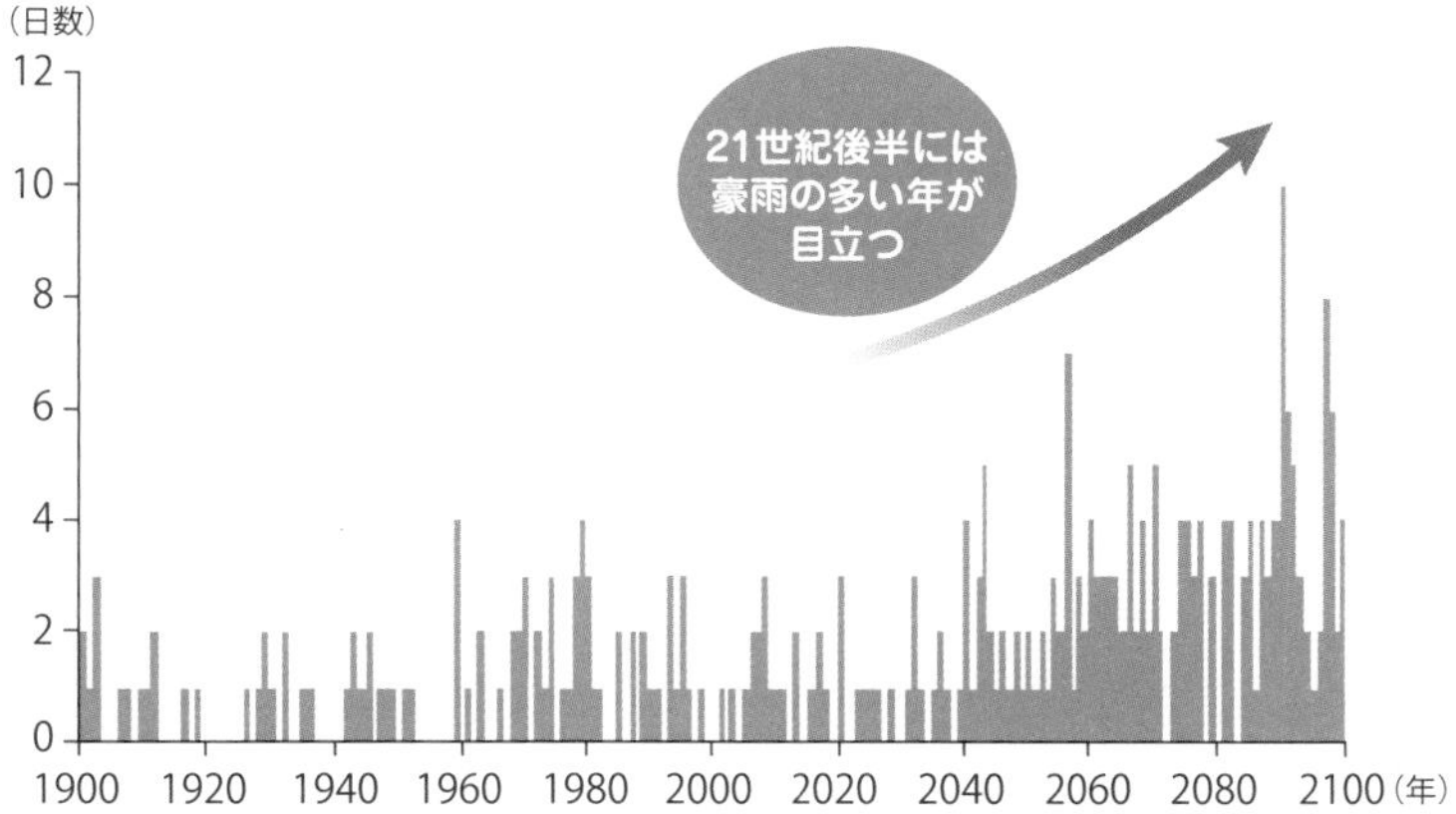

※SRESのA1Bシナリオを採用。日本列島を覆う格子(100km×100km程度)のうち 1つでも日降水量が100mmを超えれば、豪雨1日と数えた。広い面積の平均を基にし ていることから、絶対値は観測データと直接比較できない。相対的な変化のみが重要となる。

（出典）文部科学省「人･自然･地球共生プロジェクト」[2002〜2007年] 許可を得て掲載

まずは、自分の暮らす地域にどんな水害のリスクがあるのか？ 確認していきましょう。

2 水害から子どもを守るために、ハザードマップを活用しよう

大切な家族、子どもの命を守るために、最初にすることは、**自分の暮らしている地域について知ること**です。あなたが住んでいる場所はどこですか？ 川や海、山の近くなどの地形、その土地の成り立ち、元々そこはどんな場所で、どのように人々が営み、また、どんな災害に見舞われてきたのでしょうか。

それを知る上で**ヒントになるのが「地名」**です。地名は昔の人からの大切なメッセージ。たとえば「蛇」や「竜」は、災害を経験している恐れがあります。今は新しい地名になっている場合も

あるので、昔の地名を調べてみるのもいいです。また、**昔の地図を見る**と、実は海、池や沼だったなど、元々の地形も確認できます。地球の長い歴史、また、地域の歴史を調べてみることで、自分が住んでいる場所がどんなところなのか、イメージが湧いてくるかもしれません。

「7割の人が使っていない!? 無料の防災グッズ」

その上で、次に確認して欲しいのが、**「ハザードマップ」**です。**災害が起きたら、どんな被害が出るのかを予測して、地図にしたもの。**地震、水害と様々な災害に対するものがあります。誰でも無料で簡単に見ることができ、しかも一番最初に備えたい防災グッズなのですが、**7割の人がこのハザードマップで確認していない**という調査結果もあります（損害保険ジャパン日本興亜2019年調べ）。

▼どこでもらえるの?

多くの自治体では、**印刷したものを無料で配布**しています。最寄りの役所へ問い合わせてみましょう。また、インターネットで「お住いの自治体名　ハザードマップ」で検索、もしくは、国土交通省の**「ハザードマップポータルサイト」**を開き、そこに住所を入力しても、見ることができます（左QRコード参照）。災害が起きると、インターネットはつながりにくくなるので、紙で「ハザードマップ」を用意し、紛失しないよう非常持ち出し袋へ入れておきます。

ここでは水害（洪水）のハザードマップを使います。手元に用意できたら読み進めてください。

ハザードマップ
ポータルサイト

■ハザードマップ7つのチェックポイント

その1 自宅の浸水想定、ご存知ですか？

まずは、**あなたの家の浸水想定**からチェックしていきます。ご自宅は、何色に塗られていますか？ 地図の端のほうに「凡例《はんれい》」として、その色の水深と目安も書いてあると思います（下図表参照）。色がついていなければ、想定なし、10センチ～50センチでしたら、床下浸水。50センチから1メートルは床上浸水。2メートルは1階の軒下まで浸かる程度……となっています。

その2 避難方法のシミュレーション

水の深さを確認できたら、どのような避難方法があるか考えておきましょう。水害からの避難行動は、大きく分けて①「水平」②「垂直」③「在宅」の3つです（左下図表参照）。

①「水平避難」立ち退き避難とも言います。こ

ハザードマップチェックリスト その1

あなたの家はどのくらい浸水しますか？

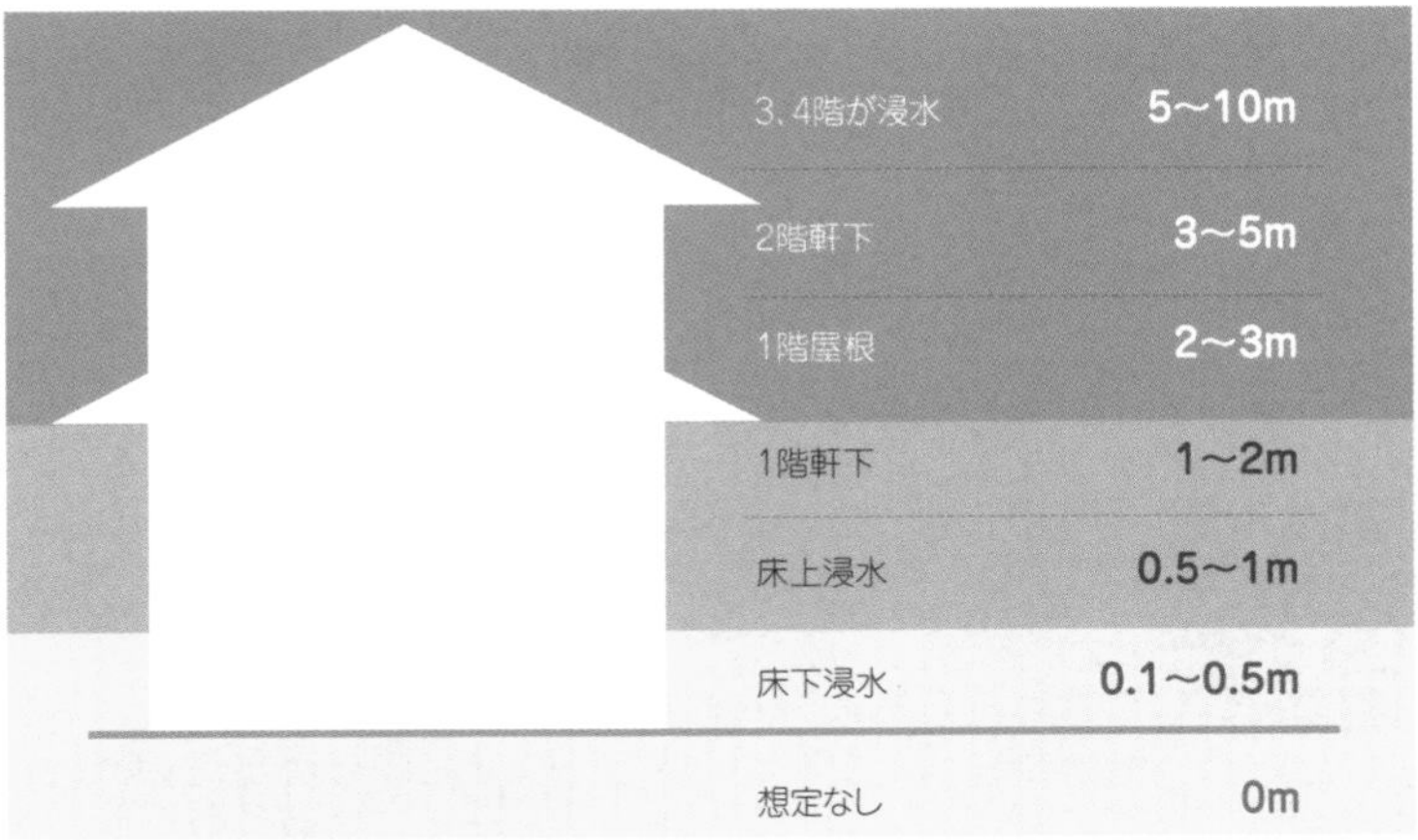

3.4階が浸水	5〜10m
2階軒下	3〜5m
1階屋根	2〜3m
1階軒下	1〜2m
床上浸水	0.5〜1m
床下浸水	0.1〜0.5m
想定なし	0m

れは、その場にとどまっていると、命の危険があるので、家から出て安全な場所へ避難する方法です。（どのような場所が立ち退き避難に該当するかは24ページへ）

②**「垂直避難」** 家や建物の高い階へ移動することで難を逃れる方法です。（垂直避難にはリスクがあります。詳しくは26ページへ）

③**「在宅避難」** 文字通り、家にとどまって避難生活を送ることです。「ハザードマップ」を見て、浸水や土砂災害のリスクがない方は在宅避難することができます。（例外については32ページへ）

「ハザードマップ」を参考に避難方法を想定すると、備える優先順位や備蓄品の保管場所も見えてきます。水平避難が必要な方は、非常持ち出し袋を重点的に用意、在宅避難の場合は、備蓄の充実など。一度に全ては見直せないので、何から備えるかも考えておきましょう。

ハザードマップチェックリスト その2

あなたにとってベストな避難方法は?

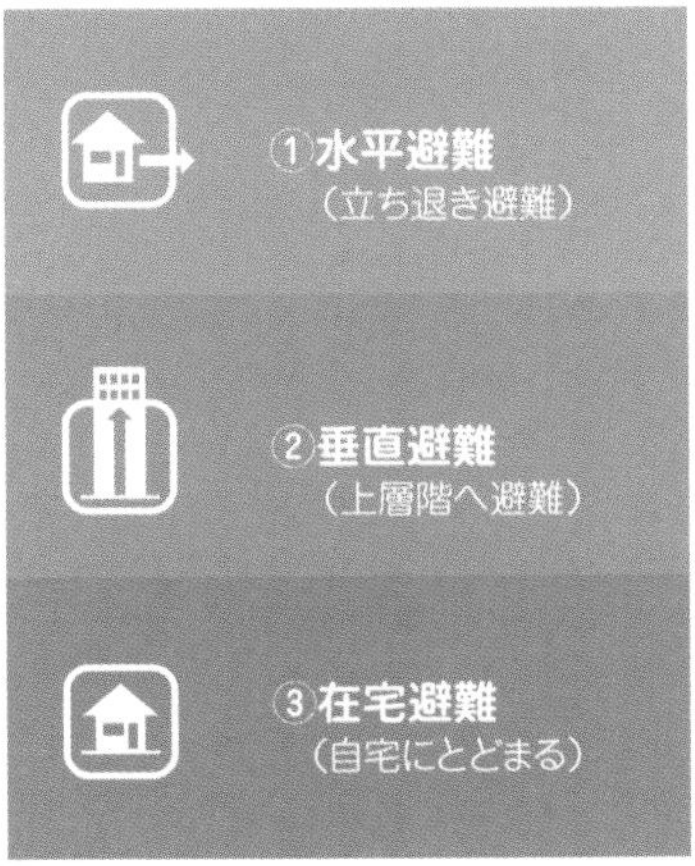

その3 避難しないと命を守れない危険なエリア

これからあげる3つのうち、どれか1つでも当てはまる場合は、水平避難、つまり、その場から離れて**避難しないと命が守れないエリア**です。

家屋倒壊等氾濫想定区域の被災状況
令和2年7月豪雨で被災した熊本県球磨郡球磨村(写真奥が球磨川)

① 家屋倒壊等氾濫想定区域。このエリアは川のそばで、赤い点線で囲まれていたり、斜線がついていたりします。**川から水が溢れると、その激しい流れで家が壊れてしまうなどの危険性がある**ことを知らせています。令和2年7月豪雨の被災地で「家屋倒壊等氾濫想定区域」を取材してみると、家の基礎だけ残し、跡形もなく流されていました。堤防から溢れる水が津波のように押し寄せてきたそうです。このエリアにとどまったことで、自宅ごと流され犠牲になった方々もいました(上写真参照)。

② 土砂災害警戒区域、特別警戒区域。がけ崩れや土石流、急傾斜地の崩壊などの土砂災害の恐れがあるエリアです。2017年九州北部豪雨でも、この指定されたエリアで土砂災害が発生、大木や大きな石が流れてきて、家屋を壊していまし

土砂災害警戒区域の被災状況
2017年九州北部豪雨で土砂災害が発生した福岡県朝倉郡東峰村

た（上写真参照）。近年は、地球温暖化の影響や、里山の管理が行き届かず保水力が弱まっていることなどもあり、土砂災害が起きやすく、また被害を大きくしているということです。土砂災害警戒区域、特別警戒区域の方々は、これまで以上に早めの避難が必要です。

③寝室が水没する恐れがある家屋。たとえば、1階が浸水する想定で2階がない。または2階はあるけど、2階に寝る場所がない、身体が不自由で2階への移動が難しい方は、あらかじめ水平避難を選択したほうが安全です。

私が取材した豪雨災害では、夜から明け方にかけて状況が一変するということが多くありました。避難しないと命が守れないエリアの方はとくに、**暗くなる前に、浸水想定のない安全な場所へあらかじめ避難しておくことが大切**です。

その4　浸水継続時間と垂直避難のリスク

ハザードマップには**浸水継続時間**が書かれたマップもあります。これは、川が氾濫し、その地域に水が流れ込んだ場合、その**水が引くまでどのくらいの時間がかかるのかという目安**です。東京の江東5区、海抜ゼロメートル地帯を例に見てみると、長いところで2週間以上というエリアもあります（左図参照）。

2週間分、備蓄しておけば大丈夫と思われる方もいるかもしれませんが、ライフラインが寸断されるだけでなく、**何かあってもすぐに助けが来ない状況になります**。たとえば、小さいお子さんが、発熱、下痢や嘔吐したり、妊婦さんが急に陣痛が来たり、破水したりしても、すぐに病院に行くこともできません。ヘリコプターやボートで救助するといっても、かなりの時間がかかるでしょう。逃げ遅れた時は垂直避難するしか仕方がないのですが、**浸水継続時間が長期間に及ぶ場所は、水平避難（立ち退き避難）も検討**しておきましょう。

被災された方からも垂直避難の怖さを伺いました。その方は、自宅2階に垂直避難したのですが、1階の軒下ギリギリ、2メートル近くまで水没し、「濁流が押し寄せる中、どこまで水嵩《みずかさ》が増すのか分からず怖かった」と話していました。

浸水想定に何メートルと記載はありますが、その水深で水がピタッと止まるわけではありません。**決壊した川からどのくらいの水が溢れ出て、自分の家がどのくらい水没するか分からない**中で、垂直避難を選ぶことのリスクも知っておく必要があります。

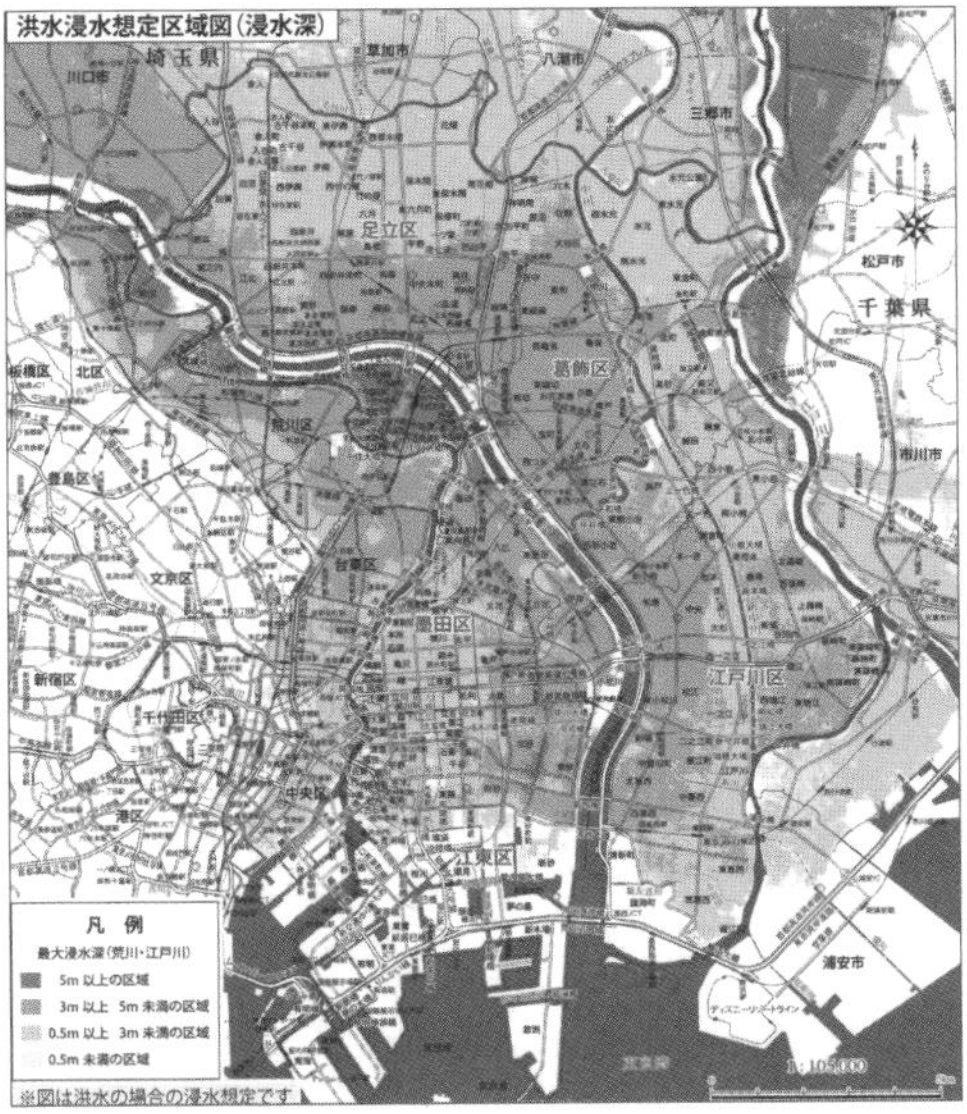

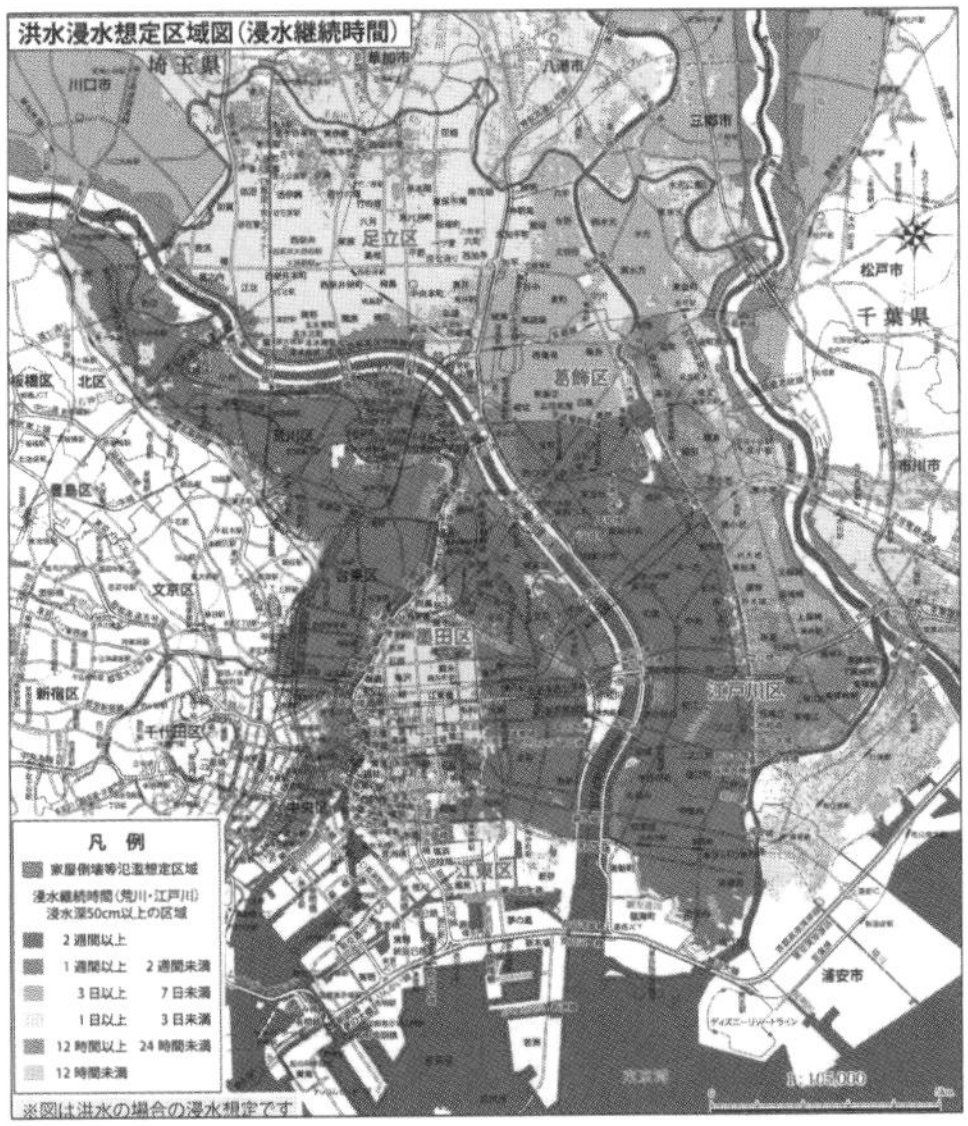

（出典）江東5区大規模水害ハザードマップ

江東5区大規模水害ハザードマップ

その5 指定避難所が安全とは限らない!?

次に、自宅周辺の水害時の避難場所、避難所を確認します。**「指定避難所の27%が、浸水や土砂崩れの恐れのある場所に立地していることがわかった」**という報道がありました（日本経済新聞2020年8月2日）。

令和2年7月豪雨で被害の大きかった熊本県球磨村を訪れた際、指定避難場所の1つを確認したところ、1階が完全に水没していました（下写真参照）。この建物は2階がないので、ここにとどまっていたら水に飲まれていたでしょう。

前日の球磨村の公式Facebookの投稿では、指定避難場所として、この避難所の名前も記されていました。そのため、ここに避難していた方もいましたが、水が迫るなか、とっさの判断で高台にある別の避難所へ移動し、難を逃れたとい

令和2年7月豪雨　熊本県球磨郡球磨村の水没した指定避難所

うことでした。**「指定された避難所が必ずしも安全とは限らない」**と頭に入れておく必要があります。

その6　川が近くにない人も、浸水リスクあり

川が近くになくても浸水被害にあうことがあります。その一つが**「内水氾濫」**。水害統計によれば**浸水被害棟数の約7割が内水氾濫**によるものです。

とくに都市部では、地表面がコンクリートやアスファルトに覆《おお》われ、雨水が地中に浸み込みにくいことが浸水の一因となっています。**都市部の排水機能は、1時間に50ミリの雨を基準に設計**されているので、これ以上の雨が降ると、排水が間に合わず、マンホールなどから水が吹き出したりと溢れてくるのです。

最近は、温暖化の影響もあってか、1時間に50ミリ以上の「非常に激しい雨」や80ミリ以上の「猛烈な雨」は増えています（気象庁）。また、局地的豪雨（ゲリラ豪雨）も増加傾向にあるので（ウェザーニューズ）、より注意が必要です。**内水氾濫のハザードマップ**を作っている自治体もありますし、洪水ハザードマップの中に内水氾濫が反映されていることもあります。次に述べる防災散歩で確認ポイントを見ていきます。

子どもが留守番できるようになったら、家はどのくらい浸水するのか、事前に伝えておくことが大切です。たとえば、1階が浸水の恐れがある場合は「たくさん雨が降ってきたら、2階に上がって過ごそうね」など、具体的な行動も伝えておきましょう。

その7 子どもと防災散歩しよう

ハザードマップ上でリスクを確認できたら、今度は、ハザードマップを見ながら、子どもと一緒に散歩してみます。自宅から避難場所、保育園や幼稚園、学校、公園、よく遊びに行く友人宅など、そこまでのルートを歩きます。

災害時は、道一本を境に生死が別れるような究極の選択をしなければなりません。**少しでも危険の少ないルートで避難できるよう、事前にリスクを把握しておくこと**をお勧めします。

防災散歩でチェックして欲しいこと、まずは、水害で、**どの道が浸水しやすいのか**、ということです。普段歩いていると気がつきませんが、**内水氾濫のハザードマップ**を見ると、色がついているところがあります。昔、川が流れていた場所、ため池があった場所などは浸水リス

クがあることが多いです。**川との位置関係、土砂災害の危険性**、さらに**土地の高さ（標高）**も確認するようにしましょう。

国土地理院のホームページを見ると、その土地の標高差が分かるようになっています。また、地形を感じる地図アプリ「スーパー地形」もお勧めです。（下のQRコードから参照）

アンダーパスは立体交差になっていて、道路を掘り下げて、道や線路の下をくぐる形にした道路です。見ても分かるくらい土地が低くなっていて、水が集まりやすい場所です。防災散歩であらかじめ知っていたら、避難時にはアンダーパスを通らない、迂回《うかい》ルートにするなどの選択肢も増えます。

そのほか、**蓋《ふた》のない側溝**、**用水路**などは転落する危険もあります。防災散歩をした上で、「避難する時は、この道を通ろう」「一人でいる時、ゲリラ豪雨で急いで帰宅する場合は、こっちの道を通ってね」など、子どもと話し合っておきましょう。第2章でお伝えしますが地震の備えでもこの防災散歩が大切です。「毎日のお散歩を避難所までの避難ルートにしていたので、スムーズに逃げられた」という障がい者施設の方のお話を聞き、避難＝特別なことではなく、日々の生活の中で、**無意識で避難ルートをお散歩している**というのが理想だと思っています。

国土地理院

スーパー地形

3 ハザードマップの鵜呑《うの》みは危険！

ここまでハザードマップのチェックポイントをお伝えしてきましたが、ハザードマップは、**安全な場所を確認する地図ではなく、危険な場所を把握する地図**です。毎週開催している「オンライン防災訓練」では、全国からの参加者と一緒にハザードマップを確認しているのですが、ハザードマップを鵜呑みにしてはいけないなと感じる様々なケースに出合います。

▼水路や小さな川は反映されていない!?

まず1つ目は、洪水ハザードマップに想定されているのは、国土交通省が指定した河川による浸水です。そのため、**中小河川や小規模河川、用水路などは反映されていないことが多いです。**

長崎県からの、ある参加者が「川の近くに住んでいるけれど、色がついていません」とおっしゃっていました。自治体に確認すると「その川の氾濫想定がないので、ハザードマップを作っていません」という回答でした。つまり、**色がついていないから安全というわけではない**のです。

2018年に起きた西日本豪雨の被災地、広島県坂町小屋浦地区は、地域のほぼ全域に被害が及びましたが、当時はハザードマップ自体がなかったそうです（現在は配布ずみ）。テレビやラジオなどでハザードマップを見て確認しましょうと言われても、日本全国すべての地域に必ずハザードマップがあるとは限らないのです。ハザードマップがない地域の方や、色がついていないけれど川の近くに住んでいるという方は、**自治体の防災担当に電話などで確認**することをお勧めします。

▼情報は更新されていく

ハザードマップがあったとしても、それが最新の想定ではないというケースもありました。２０１５年に水防法が一部改正され、**「千年に一度」の想定に見直す**ようになりました。しかし、参加者の中には、古い想定のものしかなかった方も。「**4割の主要都市で改定終わらず**」との報道もありました（日経新聞２０２０年7月27日）。古いハザードマップしかない場合は、これよりも被害が拡大するかもしれないと思って、行動したほうが良いです。実際に、２０１９年10月の千葉県での記録的な大雨では、ハザードマップが更新されておらず、想定の範囲を超えたエリアで浸水が起きています。

▼想定と違う状況になることも

また、ハザードマップには、想定雨量というものが記載されています。最近はゲリラ豪雨など、短時間に大量の雨が降るので、**想定雨量に達していなくても、川が氾濫することがあります**。前述した２０１９年の千葉県の水害もそうでした。

雨の降り方以外にも、用水路や側溝などにゴミが溜まっていたり、堤防の工事が行われていたり、**想定とは違う状況も起きます**。ハザードマップを確認して備えることは大切なのですが、鵜呑みにしてはいけないということも覚えておいてください。

4 子連れ避難のタイミング

「パパ・ママは、警戒レベル3で避難です」

水害時、判断が難しいのが避難のタイミングです。家族構成や住んでいる場所によっても避難のタイミングは変わってきます。2019年から**「警戒レベル」**が導入されました。2018年7月の西日本豪雨で、様々な気象情報や避難情報などが出ているにもかかわらず避難が遅れ、多くの方が犠牲になったことを反省し、よりわかりやすく伝えるために導入されました。

この**警戒レベルは5段階**あります。

・**「レベル1」**は災害への心構えを高める

・**「レベル2」**は避難行動の確認。ハザードマップを改めて見直し、非常持ち出し袋の中身をチェック。友人や親戚の家に避難する計画の方は、この時点で連絡を取っておきます。

・**「レベル3」**が大切！**「避難に時間のかかる方は避難してください」**という知らせです。高齢者等となっていますが、**乳幼児や妊産婦とそのご家族の皆さんもレベル3**です。避難先は避難所とは限らず、水平・垂直・在宅、それぞれの家に合った避難の方法を選びます。

・**「レベル4」危険な場所から全員避難！**速やかに危険な場所から避難しましょう。

・**「レベル5」すでに災害が発生している状況。**

▼警戒レベルは順番に上がるとは限りません

注意点は、この警戒レベル、必ずしも順番に上がっていくとは限らないと言うことです。2019年の台風19号の際、長野県のある自治体では、レベル2からレベル4に一気に上がりました。

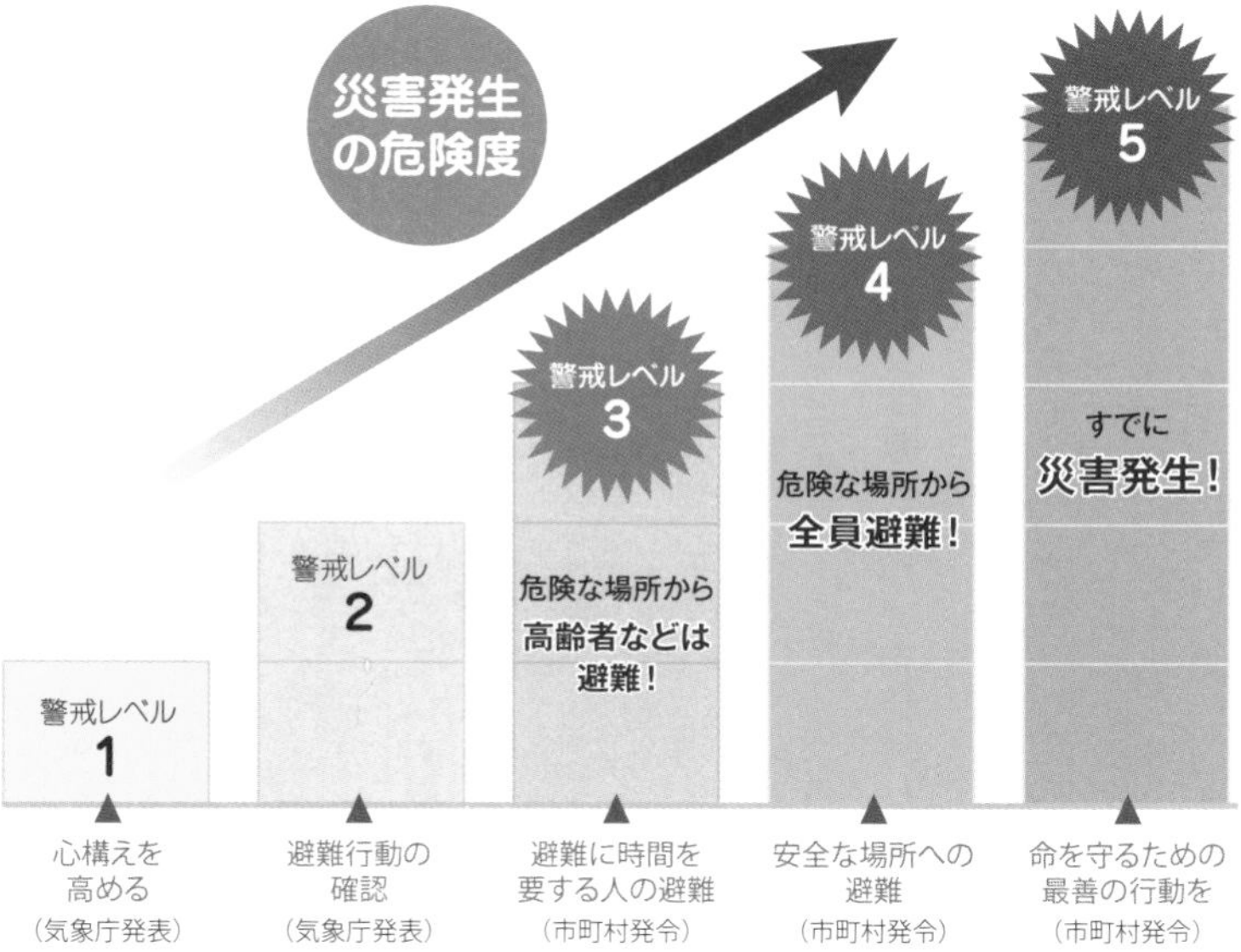

令和2年7月豪雨でも、レベル3が出ずに、いきなりレベル4が出た自治体がありました。被災された方も、「ものすごい雨が降っていたが、周辺地域の避難情報ばかり出ていた。避難するか迷っていたところ、いきなりレベル4が出て急いで避難した。あと数分遅れていたら水に飲まれていた」と話していました。状況が急変することもあります。**警戒レベルが上がるのを待つのではなく、自ら率先して避難することが大切**です。

※内閣府では、**避難情報の見直し**を進めています。「避難勧告」を廃止し「避難指示」に一本化する、「避難準備・高齢者等避難開始」は「高齢者等避難」と名称を変更するなどの方針です。今後、通常国会で議論され、2021年大雨シーズンから運用が開始される見込みです。最新の情報をご確認ください。

5 避難情報を得る方法

自分の住んでいる地域がどのような状況なのか？　災害時に必要な情報は、ピンポイント、狭い範囲の情報です。テレビやラジオなどのマスメディアで伝えられる情報は、広範囲。とくに広域災害となると、自分の地域の情報がなかなか放送されないこともあります。

▼防災情報メール登録していますか？

避難情報を発令するのは、お住いの自治体です。**自治体の「防災情報メール」を登録しておく**ことをお勧めします。「自治体名、防災情報メール」と入力して検索すれば、登録用のアドレスやQRコードが出てきます。

また、公式のTwitter、Facebook、LINEアカウントで、情報発信している自治体もあります。こういったSNSも普段からフォローしておけば、災害時に役立ちます。最近は様々な「防災アプリ」もあります。ダウンロードし、自分の住所を入力しておくと、プッシュ通知で知らせてくれたりもします。（お勧めアプリは223ページ参照）

▼緊急速報メール

スマートフォンや携帯には、**「緊急速報メール」**という機能も付いています。これは携帯電話会社が行なっているサービスで、緊急地震速報や特別警報などを知らせてくれます。購入時の初期設定では通知されるようになっていますが、確認しておくと安心です（確認方法は携帯電話会社にご確認ください）。令和2年7月豪雨では、この緊急速報メールの音で目が覚めて、避難し助かったという方もいらっしゃいました。

災害時の情報というと、防災行政無線がありますが、豪雨の時は、雨の音でかき消されてしまいます。この**防災行政無線の放送内容を自宅で聞くことができるのが「防災ラジオ」**です。自治体によっては無償、あるいは有償で配布しています。また、電話で聞くことができたり、インターネットで見ることができる自治体もあります。あらかじめ確認しておきましょう。

災害時の情報収集手段は、複数あったほうが安心です。地域の確実な情報を、受け取れるようになることも大切な備えです。子どもの命を守るためには、あなたの情報収集能力が試されています。

6 早めの避難が一番の理由

さて、情報収集の方法が分かっても、実際に避難するかどうかを判断するのは、本当に難しいと思います。

「空振り避難は避難訓練」

避難して何も起こらなかった時は、「よかったね、避難訓練ができたね」と考えましょう。一度、避難を経験することで、「これがあったほうがよかった」など非常持ち出し袋の中身を見直すこともできます。**避難所は自由席**です。早く避難すればスペースに余裕があります。また、**雨がひどくなる前であれば車での避難もできる**ので、荷物もたくさん運べます。

もう1つ、早めの避難が大切な理由があります。それは、**救助する人たちの命の問題**です。災害時、警察、消防、自衛隊など、ヘリコプターやボートを使って、救助活動を行っている光景を、テレビなどで目にします。命がけで誰かのために危険な場所へ入っています。救助をしてくれている人たちにも大切な家族がいます。みんなで早めの避難をすれば、そういった方々の出番も少なくなります。自分だけではなく、**他の誰かの命も考えて行動**してもらえたらと切に願います。

２０１８年の西日本豪雨で被災した方は、「笑われてもいいから早く避難しようと思って避難したら助かった」と話していました。

リスクのある場所に住んでいる方はとくに「空振り避難」を恐れず、近所の人に声をかけ率先して安全な場所に移動しましょう。

広島県安芸郡坂町小屋浦
2018年西日本豪雨で被災した方が撮影

7 避難する時の注意点を体感しよう

早めの避難、浸水する前に、そして、明るいうちに安全な場所に移動することが、子どもの命を守ることになります。早めの避難ができなかったら、どのような状況になってしまうのでしょうか？ 一つずつ見ていきます。

▼浸水すると玄関が開かなくなる

家が浸水した場合。たとえば、川の水が溢れて家に流れてきたら……。玄関から出ようと思っても**ドアが開かなくなります。**

東京・墨田区にある本所防災館では、浸水した時の脱出体験ができます。その中の一つが、水圧のかかったドアを開ける体験（41ページ写真参照）。水位が10センチ、20センチ、30センチと、その水圧がどのくらいかを体感することができます。私は水位20センチでも開けることができませんでした。実際には、扉を開けると、家の中に水が流れ込んでくるので、もっと開けづらくなるということです。

▼浸水すると垂直避難も難しくなる

家の中に、水が入ってきてから2階に逃げようとしても、難しくなることがあります。勢いよく濁流が流れ込むかもしれませんし、たとえゆっくりでも、**家具などが浮いて倒れます。**「階段付近に倒れた家具が流れていき、2階に登るのが難しかった」という話も聞きました。垂直避難を計画している方も早めの避難が大切です。

▼車が浸水するとドアが開かなくなる

車で避難中に浸水が始まると、**エンジンが止まって動かなくなってしまう**ことがあります。**一刻も早く脱出する必要がある**のですが、車のドアも水圧がかかると開かなくなります。前述した本所防災館では水圧のかかった自動車のドアを開ける体験もできるのですが、私は、10センチの水位でも開けることができませんでした。

2019年の台風19号の時、浸水した車から脱出した方のお話では、大人2人がかりでやっとドアが開いたそうです。もしドアが開かなかったら、家でも車でも、窓ガラスを割って脱出することになるので、念のため、**ガラスを割るための道具、ハンマーなどを用意**しておきましょう(使わずに済むよう早めの避難を心がけて欲しいですが)。

台風19号の際、**屋外で犠牲なった方の半数近くが、車で被災**しています。川に流されたり、道路の陥没に気づかず落下したりして命を落としました(NHKニュース)。避難場所まで距離があるなど、地域の特性上、**車でしか移動できない方もいると思います。とくに早めの避難が大切**です。

▼浸水した中、徒歩で避難することも危険

水害の時は、水の流れの勢いもありますし、下水や土砂などが混ざり、濁った水です。一面茶色の海になり、どこからどこまでが道で、どこに側溝や用水路があるのかも分からなくなります。**水圧でマンホールの蓋が開いていることも**あります。**大人でも足を取られ流されるような状況**ですので、子どもを連れて避難するのは困難です。2009年兵庫県佐用町を中心に発生した豪雨災害では、夜間、冠水した中で避難した子連れ家族が、濁流に飲み込まれ犠牲となっています。

▼台風が接近してからは避難できない

台風の場合は、風の被害もあります。台風の強風域に入る前に行動することが大切です。前述した本所防災館での暴風雨、台風上陸時のような1時間50ミリの非常に激しい雨、風速30m/sの猛烈な風を体験できます。**溺れているような息苦しさ**があり、**何かに掴まっていないと飛ばされそうで前を向くことすら難しく**、この暴風雨の中ではとても避難することはできないと体感しました。

▼防災体験施設へ行ってみよう

天気予報で降水量や風速を見ても、なかなかイメージできないと思いますが、本所防災館のような**防災体験施設で、身をもって実感**すると、数字の受け止め方も変わってきます。そして、より早めの避難の大切さを感じることができると思います。ぜひお子さんと一緒に訪れてみてください。

本所防災館（東京・墨田区）

▲ 暴風雨体験コーナー

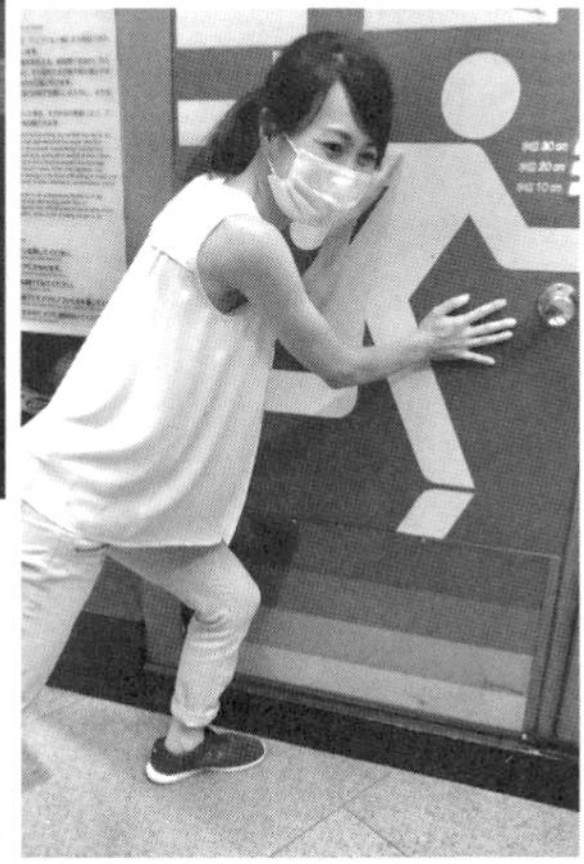

都市型水害体験コーナー　浸水時脱出体験▶

8 避難をやめるタイミング

▼雨がやんでも油断は禁物

避難をいつまで続けるのかというのも難しい判断ではないでしょうか？ **川の氾濫はその地域の雨だけではなく、上流や下流に降った雨も影響します。**

2019年の台風19号の時、大雨特別警報解除の時間と、堤防の決壊の時間を比較すると、多くの河川が、**大雨特別警報が解除された後、数時間経ってから堤防が決壊している**ことがわかります。しかし、気象庁が行ったアンケート調査によると、3割の方が「解除されたことを知ったので安全な状況になったと考え、避難先から戻った」と回答しています。「解除」という言葉が、安心情報と誤解された可能性があり、気象庁は、「解除」という表現をやめ、「切り替え」と伝えるように変更しました。

では、どのようにして、**避難をやめるタイミング**を考えたら良いでしょうか。

一つは、河川の情報です。気象庁や国土交通省のホームページに川の情報が出ています。自分の近くを流れている**川が何色になっているのか？確認**しましょう。指定河川洪水予報で見ると「氾濫注意情報」「氾濫警戒情報」「氾濫危険情報」「氾濫発生情報」とレベルが上がるにつれて色が濃くなっています。自分が住んでいる場所だけでなく、その川の上流や下流も確認するようにしましょう。

そして、一旦氾濫した水は低いところへ流れて集まって行きます。２０１５年関東・東北豪雨の鬼怒川決壊による水害では、市の面積の３分の１が浸水した茨城県常総市で、決壊現場から数キロ離れた地域に、数時間経って水が流れてきて、最終的には1階の軒下まで水に浸かったそうです（左の写真参照）。

雨がやんでいても、川から離れていても浸水することがあると思い、避難を続けることが大切です。

2015年 関東・東北豪雨 鬼怒川決壊による被災地

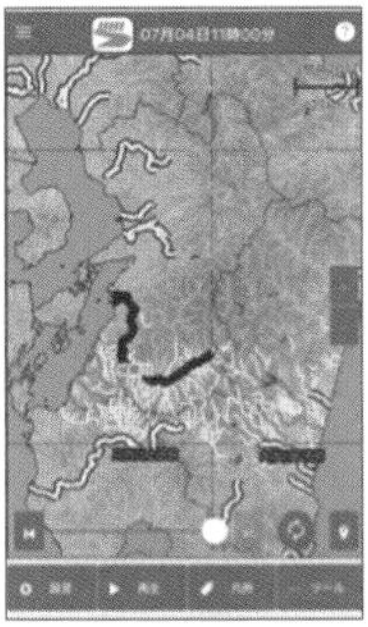

気象庁
洪水警報の
危険度分布

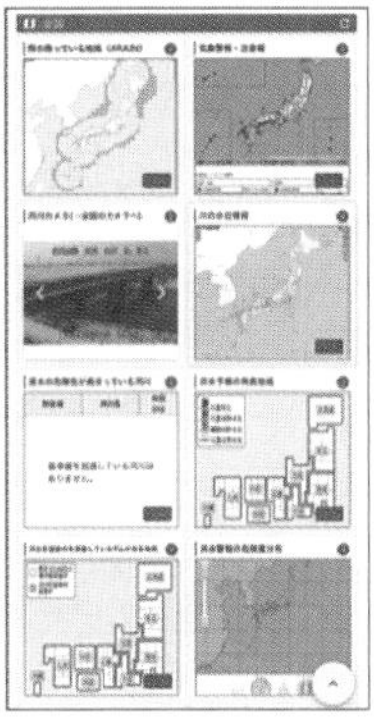

国土交通省
川の防災情報

9 予測できる災害、台風への備え

台風は、予測できる災害、事前に備えることで被害を減らすことができます。時系列で、事前の備えをリストアップしてみましたが、こちらに示したものはあくまで例です。住んでいる場所、家族の構成でも変わります。どんな対策が必要か話し合い、家族で力を合わせて備えていきましょう。そして、この備えは次の台風や地震など、他の災害にも役立ちます。**防災対策を見直せる機会と捉え、積極的に動きましょう。**

（イラストの解説文は読者限定公式LINEから読むことができます）

読者限定HP

▼台風が発生したら

天気予報などで台風が発生したら、暴風・豪雨・高潮対策をチェックします。（45ページイラスト参照）

▼72・48時間前

46ページイラスト参照。

▼24時間前

47ページイラスト参照。

▼台風通過中

とにかく外に出ないことが大事です。たとえ台風の進路が逸れても、豪雨で浸水被害が発生することもあります。安全が確認できるまで、命を守る行動を続けましょう。（47ページ参照）

暴風

台風

強風域 風速15m/s以上

暴風域 風速25m/s以上

物が飛ぶ

窓ガラスが割れる危険性

屋根が飛ぶ危険性

窓を守ろう!

雨戸・シャッター

- ある → きちんと閉まる?
  - ☑点検・修理
- ない → ガラス飛散防止フィルム
  - ない → 養生テープ ダンボールなど

台風シーズンの前にしておこう!

！台風直前は売り切れることも!

豪雨

被害軽減のために

点検・掃除

☑雨《あま》樋《どい》

☑側溝

☑用水路

浸水対策

☑大切なものを上層階へ

貴重品 思い出の品 家電

ものを守る & いのちを守る

選択肢

☑浸水リスクのない友人・親戚の家

☑トランクルーム

広域避難を検討

直前は満室になることも!早めに

沿岸部の方 高潮

ハザードマップをチェック!

その他

☑薬を多めに（持病のある方）

☑屋外の対策（畑など）

台風接近
72時間前
台
不要不急な予定の
キャンセル
念のため
今のうちに…
出張
旅行
イベント
キャンセル
現金を用意
1000
500
10
10
100
100
備蓄品の補充
チェックリスト
(第4章を参考)
足りないものを
買いに行こう!
浸水対策
☑備蓄品を
上層階へ
☑簡易トイレ準備
☑土嚢などを用意
玄関や門など
入口に積む
自治体で
配布している
ところもある

台風接近
48時間前
台
暴風対策
飛ばされやすい
ものは室内へ
凶器に
なります!
物干し竿
植木鉢
サンダル
家の中に
入らない時は
☑倒してチェーン
☑ワイヤー
☑防風ネット
固定しておこう!
浸水対策
☑ガソリンを
満タンにする
☑車を安全な
場所へ移動
P
満車
早めに!
台風前は
いっぱいになることも…
確認しよう!
学校は
休校?
職場は
出勤?
電車やバスは
計画運休?

台風接近
24時間前
停電や断水対策をしよう!
食事はつくりおき
のイメージ
☑ 野菜は切って洗っておく
☑ そのまま食べられる食材
在宅避難
☑ ハザードマップ参考に話し合う
☑ 垂直避難して就寝
暴風対策
窓対策
雨戸 シャッター 養生テープ
万が一に備える
浸水対策
☑ 備蓄品を上層階へ
・カセットコンロ・ボンベ
・食材・調理器具
☑ 水のうを排水口に
二重にしたゴミ袋でOK!
熱中症対策
冷凍しよう! 500mlペットボトル
水
茶
・飲み水
・体を冷やす
・容器を給水に利用
水を溜める
※その他の熱中症対策は185ページ
フル充電
MAX!
蓄電池
広域避難
宿泊施設
友人や親戚の家
ホテル
近所に一声かけてから早めに移動しよう
安全な時間に
台風通過中
とにかく外に出ない
ステイホーム
大切
命を守る行動を続けよう!
☑ 早めに食事
☑ いつでも避難できる服装
☑ 子どもと楽しく過ごせる工夫
☑ 心が落ちつく物
非常持ち出し袋
レインウェア
いつでも持ち出せるように
電気を使わない遊び

10 究極の台風対策は、広域避難

台風は進路や速度が変わることもありますが、事前に避難することができます。広域避難も検討してください。**広域避難とは自分が住んでいる地域を離れて避難すること。**台風の強風域に入らないような地域まで避難すれば、風や雨の被害を受けることもないですし、ライフラインが寸断された中で生活することもありません。

２０２０年の台風10号の時は、気象庁も異例の呼びかけをするなど厳戒態勢となりました。結果的には最悪の事態は免れましたが、最大瞬間風速80m/sのスーパー台風が上陸するかもしれない、そのような予測も出ていました。このような暴風が吹くと、木造家屋が倒壊する恐れが出てきます。壊れた破片が飛んできて、窓ガラスが割れたりと、他の建物にも被害を及ぼしかねません。そのような**危険な台風の中、その地域にとどまることはリスクが大きすぎ**ます。とくに小さいお子さんを抱えている方こそ、安全な場所に広域避難をお勧めします。

また、別の視点で考えると、移動できる人が広域避難することで、その**地域の避難所のスペースを空けることに**もつながります。第３章で詳しくお伝えしますが、住民に対して、避難所の収容人数は十分ではありません。新型コロナウイルスの感染症対策で定員も抑えているので、入れる人数がより少なくなっています。身体が不自由だったりと様々な理由で移動が困難な方、家屋に被害を受け急きょ避難せざるを得なくなった方のために、避難所のスペースを空けておく、そのような意識で広域避難を選択するのはどうでしょうか。

▼江東5区の方へ

お住いの方はご存知と思いますが、多くの地域がゼロメートル地帯にある**江東5区**（江戸川区、江東区、墨田区、葛飾区、足立区）では、スーパー台風や豪雨などにより、**江戸川・荒川の氾濫など大規模水害が発生すると**、ほとんどのエリアが水没すると想定されています。**人口の9割以上250万人が浸水する恐れ**があり、**最大10メートル以上、3階までの深い浸水**、そして、多くの地域で**2週間以上水が引かない**という想定。また、**中心気圧930hPa以下の猛烈な台風が接近した場合、高潮が発生し**江東5区の**ほぼ全域が浸水**、**1週間以上水が引かない**エリアもあるそうです。

そのため、**48時間前には自主的に江東5区の外へ避難するように**「自主的広域避難情報」が発表され、24時間前には広域避難勧告が発令されることになっています。風や雨が強まる前に公共交通機関を利用し避難できるよう、親戚、知人宅、ホテルなど安全な避難先も含めて検討しておきましょう。

江東5区にお住まいの方は、必ずQRコードから「江東5区大規模水害ハザードマップ・広域避難計画」をご確認ください。

江東5区大規模水害ハザードマップ

11 おじいちゃん、おばあちゃんの命を守るために

「子どもと孫が犠牲になる方の多くが、ご高齢の方です」

災害時、避難するかどうか迷っているうちに浸水が始まり、逃げられなくなってしまう。「早めの避難を」と、テレビなどで繰り返し呼びかけても、なかなか避難につながらない現実があります。離れて暮らす、おじいちゃん、おばあちゃんの命を守るために、できることはないでしょうか。

▼事前にやっておくこと

まず、自分が暮らしている地域と同じように祖父母が暮らす地域の**「ハザードマップ」を確認**しましょう。インターネットで検索すれば祖父母の地域のハザードマップが見られます。自宅周辺、指定の避難場所がどうなっているのかを確認。指定避難場所まで遠かったり、避難場所自体が浸水の恐れがあったりすることもあるので、どこに避難したら安全か、祖父母を含め、家族全員で話し合っておくことが大切です。

そしてもう一つ。おじいちゃん、おばあちゃんが住んでいる地域の**「防災情報メール」も登録**しておきます。ITスキルの高い孫世代が、祖父母の代わりに地域の防災情報を受け取る体制を作っておきましょう。防災情報メールは、住民でなくとも登録できます。そのほか、公式のTwitterやFacebookをやっている自治体もあるので、フォローしておきましょう。

▼災害の恐れがある時

日々、天気予報を見る時、ふるさとや大切な人が暮らす地域の情報も自然と入ってくるのではな

おじいちゃん・おばあちゃんの命を守るために

事前にやっておくこと

1. ハザードマップを確認
2. 防災情報メールの登録
3. 近所にサポーターを作る

災害の恐れがある時

4. 警戒レベル2で電話
5. 警戒レベル3で緊急連絡

いでしょうか。もし、おじいちゃん、おばあちゃんが暮らす地域で、**「大雨の恐れ」「台風上陸」などの気象情報が出ていたら、そのタイミングで、電話**をしてください。「今夜は大雨になりそうだから2階で寝てね」とか「崖から離れた部屋で過ごしてね」など、できるだけ具体的な言葉で行動を促してください。災害が起きるかもしれないという意識を持ってもらうことが大切です。

そして、防災情報メールで**「警戒レベル3」の通知が来たら、緊急連絡**です。再び電話し、早く避難をするよう呼びかけてください。あらかじめ話し合っておいた場所へ行くように説得したり、夜間や豪雨で外に出るのが危険だったら、2階などへ垂直避難、または、近所の頑丈な建物へ避難するなど、その時々の状況でベストな指示を出してください。

いきなりレベル3で電話をすると、慌ててしまいます。その前に一度電話しておくことが大切です。**「孫からの電話で避難できた」**と話す被災者もいました。

▼近所にサポーターを作ろう

とは言っても、身体が不自由だったり、なかなか一人では行動できない方も多いです。もし、おじいちゃん、おばあちゃんの家に遊びに行くことがあったら、ご近所さんにも必ず挨拶し、**「何かあったら一緒に避難するように声をかけてもらえませんか?」**などお願いしておきましょう。今はコロナ禍でなかなか会えませんが、終息したら、一番に会いに行って、一緒にハザードマップを見ながら伝えてください。そして、ご近所さんとも仲良くなっておきたいものです。

日本全国の孫、曽孫たちへのお願いです。

12 水害にあったら「一番最初にやることは、写真撮影」

もし水害にあったら、まずは、どのくらい浸水したのか**被害状況を写真で残すこと**が大事です。自治体からの罹災証明書の交付や保険金の請求に必要になってきます。家の外だけでなく室内も、また、立った人を入れて撮影すると、浸水した深さがわかりやすいです。

片づけは想像以上に時間がかかります。濡れた家具を運び出し、泥かき、洗浄、乾燥、消毒など数カ月に及ぶこともあります。社会福祉協議会による災害ボランティアセンターが開設されたら依頼するなど、ボランティアの力も借りて、**ゆっくり無理のないペースで**行いましょう。

とくに、水害が発生しやすい夏場は熱中症の危険もあります。過去の水害でも、被災住民、復旧ボランティア、ともに熱中症で搬送されています。水分・塩分補給や休憩をこまめにとるなど、体調管理を徹底した上で行うことが大切です。

また、水害は泥水や下水、畑や工場が近くにあれば農薬や化学薬品も混じっているかもしれません。大変危険な水です。半袖や半ズボンなどで片づけるのは絶対にやめましょう。ゴーグルにマスク、ゴム手袋に長靴、**肌の露出を極力控えた格好**で行います。しっかり防護した状態でないと破傷風など感染症のリスクがあります。さらに、水が引いて乾燥すると、視界が曇るほど粉塵が舞います。身体に有害な物質も含まれているので、できれば子どもには吸わせたくないと私は思っています。

　水害後については、被災地支援に取り組む「震災がつなぐ全国ネットワーク」が公開している「浸水被害からの生活再建の手引き・水害にあったときに」に詳しく掲載されています。自分自身が被災した時に、そして被災地支援に入る時にも役立つ情報ばかりです。

震災がつなぐ全国
ネットワーク

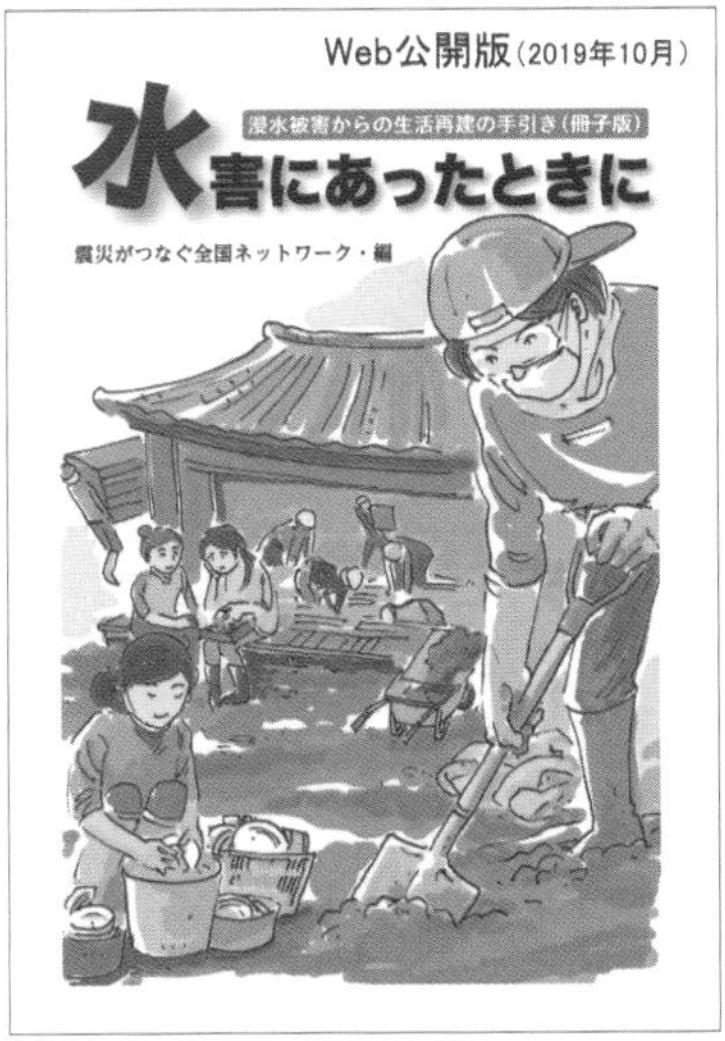

震災がつなぐ全国ネットワーク「水害にあったときに」
〜浸水被害からの生活再建の手引き〜
（許可を得て掲載）

第2章

「地震」から
子どもの命を守る

1 子どもが生きている間に90%

東日本大震災から10年。地震、津波、原子力災害などによって、**多くの命が失われました。死者1万9729人、行方不明者2559人。**その中には、**多くの子どもの命も含まれています。**被害が大きかった岩手県、宮城県、福島県の3県で、年齢が判明している人のうち0～9歳は469人、10～19歳は425人となっています（警察庁2020年3月6日広報資料）。そして、震災孤児243人、震災遺児1554人と、**1800人近い子どもが親を亡くしているの**です（厚生労働省2019年3月1日現在）。

東日本大震災以降も、2016年熊本地震、2018年大阪府北部地震、北海道胆振東部地震など、

地震名	阪神・淡路大震災	東日本大震災	熊本地震	大阪府北部地震	北海道胆振東部地震
発生日時	1995年1月17日 午前5時46分	2011年3月11日 午後2時46分	2016年4月14日 午後9時26分 4月16日 午前1時25分	2018年6月18日 午前7時58分	2018年9月6日 午前3時7分
最大震度	7	7	7	6弱	7
マグニチュード	7.3	9.0	7.3 （本震）	6.1	6.7
死者数 （行方不明者数）	6,434 （3） 2006年5月19日 確定報	19,729 （2,559） 2020年3月1日 現在	273 2019年4月12日 現在	6 2019年4月1日 現在	43 2019年4月1日 現在

（出所）総務省消防庁のデータをもとに作成

各地で大きな地震が起きています。いつどこで地震が起きてもおかしくない「地震大国」日本。**今後30年以内に、首都直下地震が70%、南海トラフ巨大地震は70～80%**の高い確率で発生すると言われています。そして、50年以内となると、その確率はさらに上がり**「90%程度もしくはそれ以上」**となっています。南海トラフ巨大地震が起きると、震度7、6クラスの揺れを広い範囲で観測、津波と建物の倒壊、火災などで、最悪の場合、全国でおよそ32万人以上が死亡するという想定も出ています。また、首都直下地震の場合も、最悪の場合、死者およそ2万3000人と想定されています。

地震が起きる前の今なら、できることがたくさんあります。子どもの命を守るために、子どもが悲しい思いをしないように自分の命を守るためにできることを一つずつ確認していきましょう。

東日本大震災▶
（宮城県南三陸町）

◀熊本地震
（熊本県益城町）

コラム 私が経験した東日本大震災の揺れ

2011年3月11日午後2時46分、私は仙台市内の自宅マンション（7階）に一人でいました。その日は、午前中、沿岸部の畑で取材をし、そこで収穫した野菜を自宅で調理し、放送局で撮影するというスケジュールになっていました。

取材を終え、自宅の台所で、野菜を茹《ゆ》でていたちょうどその時、地震が発生しました。カタカタっと揺れ、あっ地震だ！　と火を止めた次の瞬間、大きな揺れになりました。鍋がひっくり返り、冷蔵庫の上に乗せていた大型のオーブンレンジ（重さ30キロ）が空中を飛び、自分のほうに落ちてきました。ありとあらゆるものが降ってきます。これまで経験したことのない揺れで、とても立っていられません。このままではマンションが倒壊して下敷きになってしまうのではと感じ、外に逃げようと慌てて玄関の扉を開けたのですが、そのままマンションから振り落とされそうになりました。必死でドアノブとドアの枠を握り、ドアが閉まらないように、でもマンションから落ちないように、激しく開閉するドアに挟まれながら、耐え続けました。およそ4分ほど。揺れが収まるまで、何もできませんでした。

私の暮らしていた地域は、震度6弱だったのですが、地球がひっくり返ったのではという揺れで、人生で初めて死の恐怖を感じました。

放送では地震の時「身の安全を確保してください」と呼びかけますが、身の安全を確保する方法も分からず、安全な場所もありませんでした。

2 最も重要な地震対策は、命を守る家に住むこと

1日の半分以上過ごすのは家という調査結果があります（NHK国民生活時間調査）。大きな地震が来ても、家が倒壊する恐れがなければ、自分の家の下敷きになって亡くなることはありません。阪神・淡路大震災では、亡くなった6434人のうち8割以上が建物倒壊等による圧死や窒息死（神戸市内における検死統計　1995年）。家が倒壊すると、いかに死の危険が高いかがわかります。

▼わが家の耐震基準は?

地震対策、まずは、耐震基準を確認しましょう。その目安となるのが、**家がいつ建てられたか**です。1981年6月1日より前か後か、建築確認の日付を調べてください。**1981年5月31日**

東日本大震災当時の自宅の写真

までの建築確認で建てられた建物は「旧耐震基準」。大規模地震では倒壊の恐れがあります。この「旧耐震基準」で耐震性が不足している住宅（既存不適格建物）は全国に700万軒あるとの調査結果もあります（国土交通省　2018年調査）。

「旧耐震基準」で建てられた家に住んでいる方は、まず**耐震診断**を受けてください。自治体によっては診断費用を無料もしくは補助を出しています。診断を受け、大きな地震で壊れる恐れがあると分かったら、**引っ越しや耐震補強の工事**をする必要があります。経済的に難しい場合は、防災・耐震ベッドや防災・耐震シェルターを購入するという方法もあります。自治体によってはこちらも補助を出しています。**ぜひ、自宅だけでなく、実家や祖父母の家がいつ建築確認されたもの**

ハザードマップ
ポータルサイト

かも確認しておきましょう。

ただし、1981年6月1日より後の「新耐震基準」を満たした家でも万全というわけではありません。詳しくは、第4章190ページからの防災住宅研究所所長へのインタビューをご覧ください。

▼地域のリスクは？

耐震基準を確認したら、今度は、**津波、液状化、土砂災害**など地域のリスクを調べましょう。

土砂災害や津波は、ハザードマップで確認できます。自治体が無料で配布しているものや、水害編でも紹介した「ハザードマップポータルサイト」からも見られます(上QRコード参照)。津波については79ページでも詳しくお伝えしますが、何分でどのくらいの津波が来る想定なのか、必ずチェックしてください。

東京都では、地震に関する**地域危険度**測定調査をもとに、建物の倒壊危険度、火災危険度、さらに災害時の避難や消火・救助活動の困難度を加味し、総合危険度を5段階のランクで示しています。また、液状化のリスクも「**東京の液状化予測図**」で調べることができます（下QRコード参照）。

これからマイホームを探すという方は、できれば揺れにくく、木造住宅が密集し延焼火災が起きやすい場所を避け、そして、土砂災害や津波、液状化、水害のリスクがない、という、防災視点も含めて選んで頂ければと思います。

地域危険度測定調査

液状化予測図

3 家の中を安全な空間にする10のポイント

家の中を、ぐるりと見回してください。家具や家電の固定は済んでいますか？ 子どもの命を守るために、まず、お伝えしたいのは、大地震の場合、その場から動くことが難しくなるということです。たとえ同じ部屋にいても、揺れている中、**子どものもとへ駆けつけて抱きしめることはできない**と思って対策する必要があります。家の中をいかに安全な場所にしておくかが重要なのです。

左の写真は、ある障がいのあるお子さんの部屋です。２０１８年大阪府北部地震の時、この部屋に寝ていて被災したそうです。幸いケガはなかったとのことですが、寝ている場所が悪かったら、家具の下敷きになっていたかもしれません。東京消防庁が実施した地震被害調査では、近年、負傷者の約3～5割が、屋内における**家具類の転倒・落下によって負傷**していることが分かっています。

「日常、子どものケガ防止にもつながります」

子どもが生まれる時は、防災を見直すチャンス！　防災対策は、災害時だけでなく、**日常生活での子どものケガ防止**にもつながります。たとえば、**家具・家電の固定**。大型テレビが頭に落ちたり、倒れたタンスの下敷きになったことで、子どもが死亡しています（消費者庁）。固定しておけば、そのような事故は防ぐことができます。また**窓ガラスなどの飛散防止**。子どもは想像もしないような行動をします。窓ガラスに向かって物を投

2018年大阪府北部地震で被災した子ども部屋　湯井恵美子さん提供
（震度6弱・マンション6階）

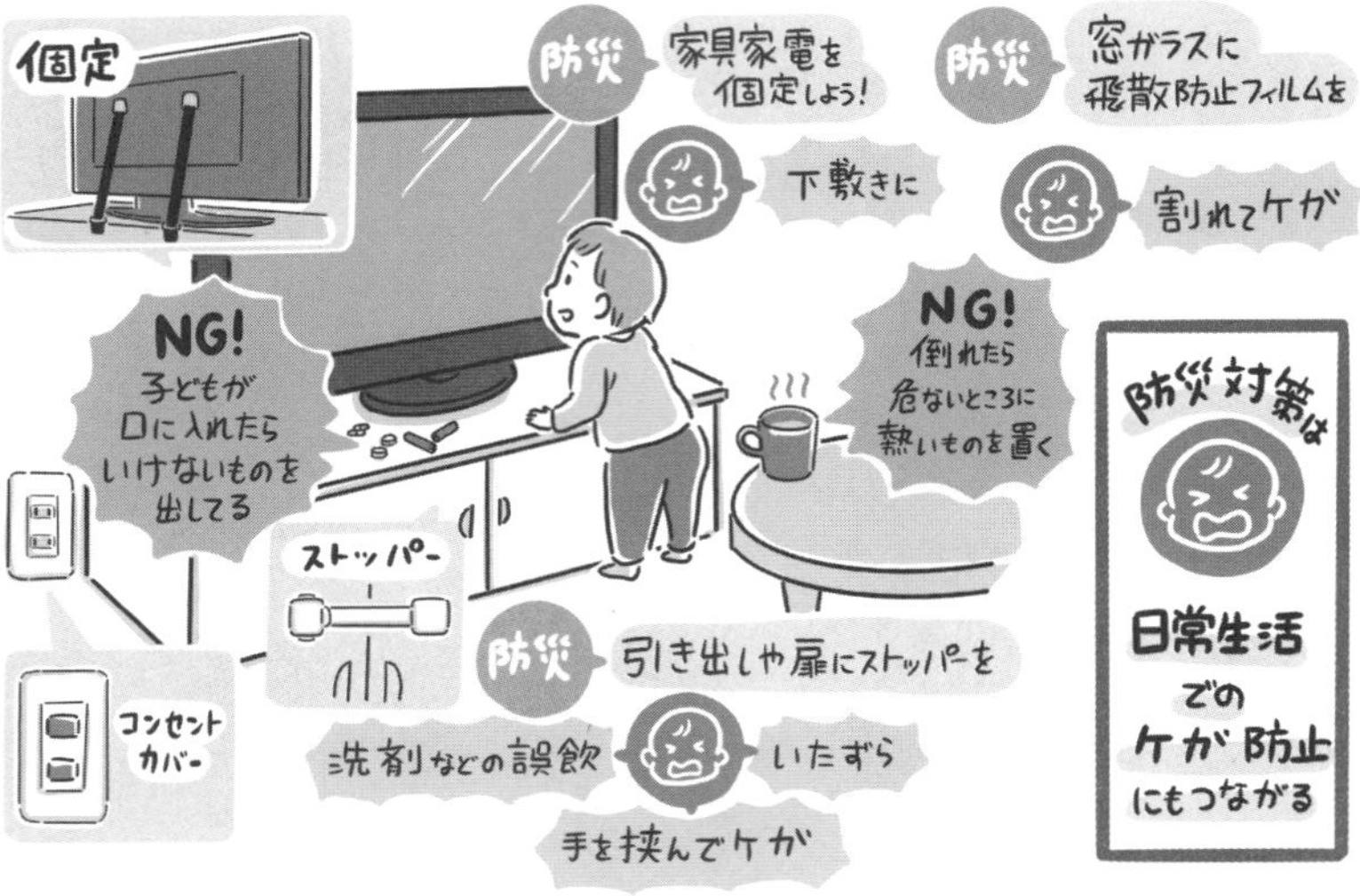

げたり、全力でぶつかったり。万が一、ガラスが割れても、飛散防止フィルムを貼っていればガラスが飛び散らなくてすみます。引き出しに手を挟んでケガをした、洗剤を誤飲した、など様々な事故の報告もあります。引き出しや扉のストッパーは、子どもの「いたずら防止」にもなります。

「子どもも大きくなったし、そろそろストッパーはいらないかな」と思ったあなた、ぜひ地震対策で、そのままつけておいてください。

倒れたら危ないところに熱いものを置かない、子どもが口に入れたらいけないものを出しておかないなど、これらの意識も防災の一つ。家が整理整頓されていれば、災害後の片づけも少なくてすみます。日々の掃除で少しずつ対策をプラスしていくことで、より安全な空間になっていきます。日常と防災はつながっているのです。

子ども部屋のレイアウト

■家具対策

①買わないで対策する3つの方法

お金をかけずに今すぐにできる対策は、**置かない、入れ替え、レイアウト変更**です。部屋の中に**背の高い倒れる危険性のある家具を置かない**ようにすることです。せめて、リビングや寝室、子ども部屋だけでも、倒れるものがないようにしたいものです。**腰より低い家具**にする、**重いものを下に、軽いものを上に**と収納方法を見直すだけでも、重心が下がり、倒れにくくなります。また、**ドアが開かなくなるような場所には物を置かない**など、レイアウトの変更も考えてみてください。

これから家を購入する人は、**作り付けの家具**だけにすると対策も少なくすみます。どうしても背の高い家具を置かざるを得ない場合は、固定しておく必要があります。次にその方法を見ていきます。

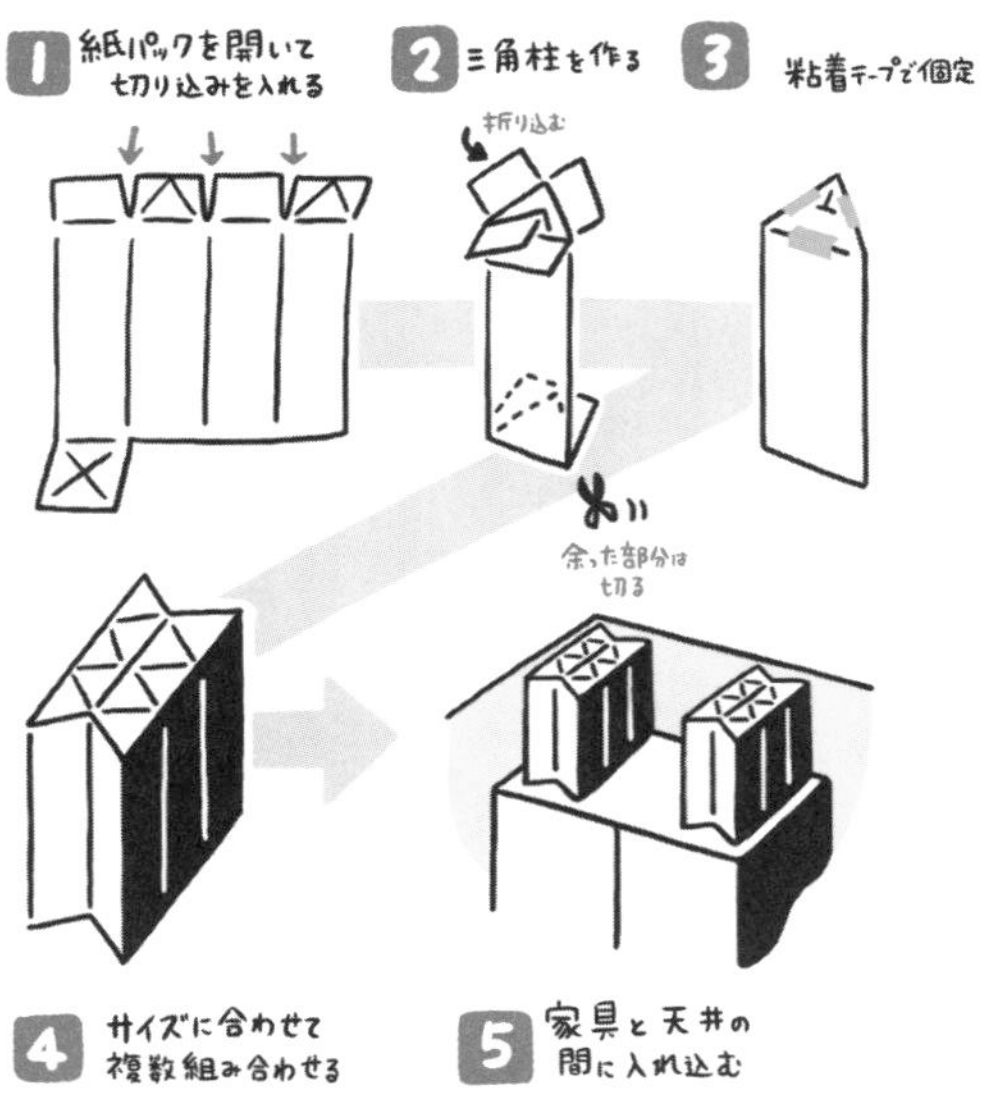
1 紙パックを開いて切り込みを入れる
2 三角柱を作る
折り込む
3 粘着テープで固定
余った部分は切る
4 サイズに合わせて複数組み合わせる
5 家具と天井の間に入れ込む

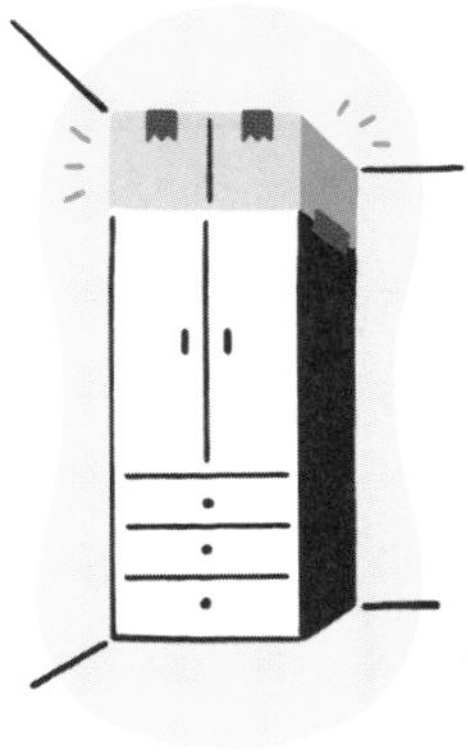

② お金をかけずに家具を固定する2つの方法

家具の固定は、様々な商品が出ていますが、それらを買う前にできる、簡単でお金のかからない方法を、東京大学の目黒公郎教授に伺いました。

一つは、**ダンボール箱**を使った対策です。家具と天井の間をダンボール箱で埋めるという方法。ダンボール箱の中には衣類を固く詰め、家具とダンボール箱をガムテープなどで固定すれば、**ポール式の器具と同じような効果**があるということです。収納スペースにもなり、壁紙シートなどを貼れば見た目も気になりません。

もう一つは、**紙パックを使う方法**。サイズを自由に調整できるので、天井までの高さに合うダンボール箱がない場合や、天井が斜めになっていても使えます。作り方は簡単です！（上イラスト参照）こちらも壁紙シートなどでインテリアに合わ

地震動に対する対策器具の効果

転倒防止器具は、震度6強の揺れを再現した実験で、その効果を測定しました。

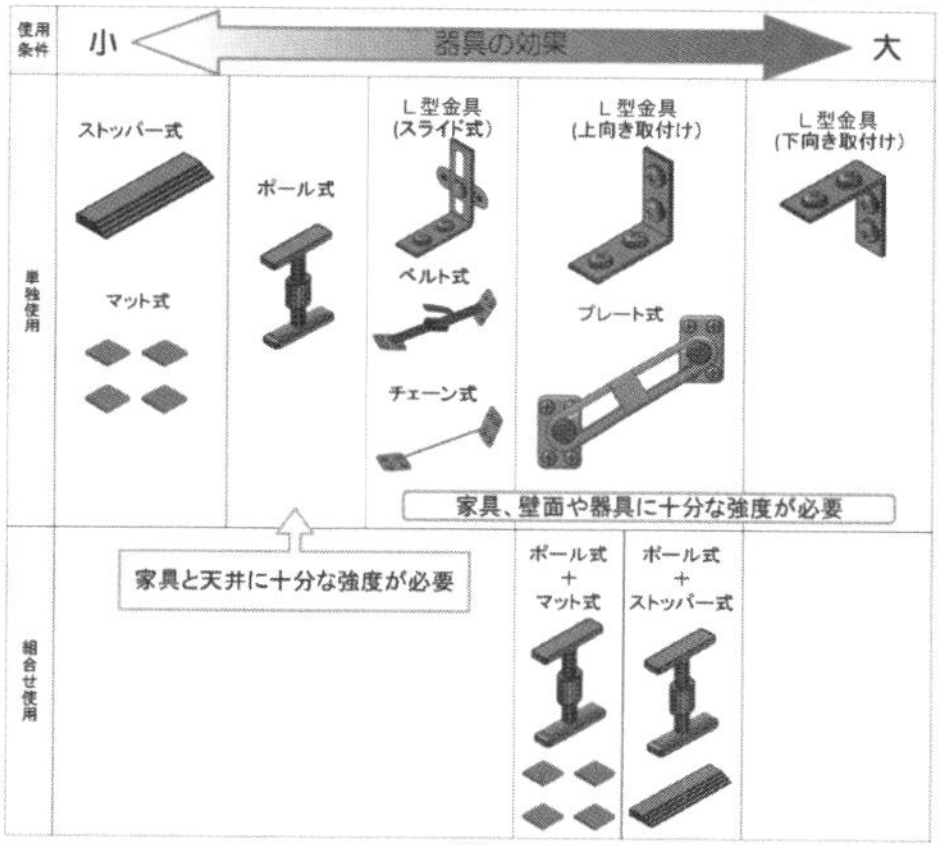

(転載)東京消防庁　家具の転倒・落下・移動防止対策ハンドブック

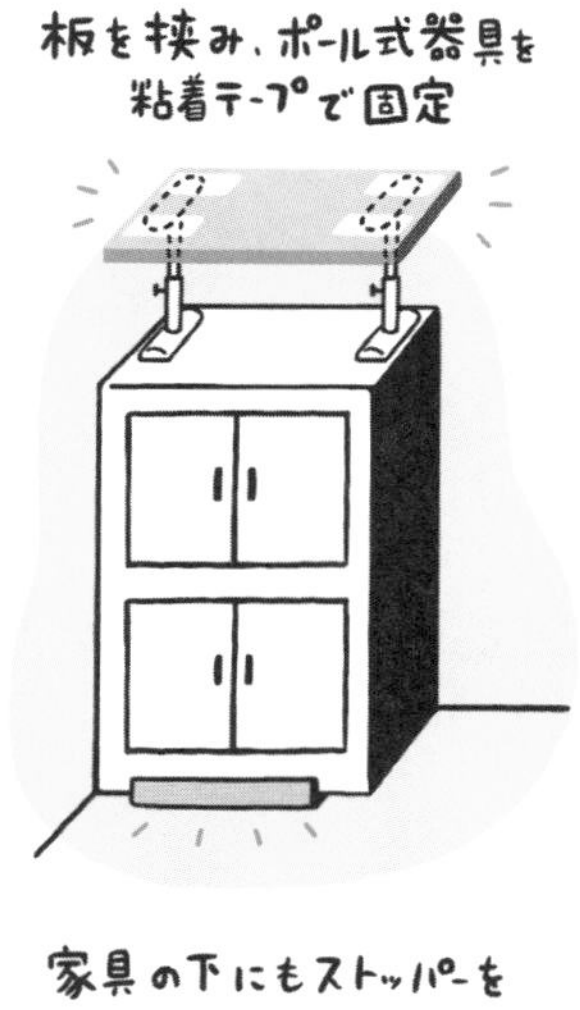

せてアレンジできますし、子どもと一緒に工作することもできます。

③市販の転倒防止器具の注意点

固定具を選ぶ時は、壁や天井、家具の材質にあったものにしないと効果がありません。東京大学の目黒教授に、賃貸住宅でも使える突っ張り棒タイプ、ポール式の効果的な使い方についても伺いました。

まず、ポール式は、天井と接する部分が小さいため、天井が撓《たわ》んだり、壊れたりする懸念があります。また、一つの家具に複数のポールを設置することが多いため、それぞれが別の動きをしてしまいます。そこで、面で支えられるように**天井とポールとの間に板を挟み**、粘着テープで固定する。さらに、家具の下に入れる「**ストッパー**」を一緒に使うと、より効果を高められるそうです。

④本の下敷きで死亡することも

これまでの地震では、**本の下敷きで亡くなった**方もいます。本棚も固定し、できれば扉付きの本棚にするなど、本が飛び出さないようなものを選んでほしいです。下の写真は、熊本地震で被災した熊本にある大学の教授の部屋です。揺れで本が飛び出し、落下しています。熊本地震では、何度も大きな揺れが続いたので、綺麗に戻しても、また落下してしまうということを繰り返したそうです。そこでビニールの紐で本が出ないように固定したそうです（下右の写真）。地震は一度ではなく、何度も余震があるということを想定して対策することが大事です。

⑤開き戸、引き出し対策も重要な理由

同じく熊本地震の直後、私が訪れた熊本市内のお宅では、開き戸にゴムバンドをつけたり、冷蔵

熊本地震で被災した部屋（熊本市内）

ビニールの紐で落下防止

庫の扉や食器棚、引き出しにガムテープを貼ったりしていました。お話を伺うと「**大きな余震が起きるたびに物が落下**し、片づけても片づけても綺麗にならない。ケガの恐れもあるので、開かないようにしている」とのことでした。大きな揺れが何度も襲ってくる地震では、自宅で避難生活をしようと思っても、対策をしていないと暮らせなくなってしまいます。

開き戸や引き出しは、対策をしていない人も多いと思います。扉の外につけるストッパーや、中につけるタイプ。また「感震・耐震ラッチ」という地震の揺れを感知してロックがかかるものもあります。その他、中の物が飛び出さないように、滑り止めのマットを敷いておくなど様々な方法があります。インテリアに合わせて対策をしておきましょう。

■家電対策

⑥大地震では、電子レンジが飛ぶ！

電子レンジ、テレビ、冷蔵庫、そういった重い家電も飛んだり倒れたりして、**ケガや命を失う原因**となります。家電自体もそれにより壊れることがあります。第4章の在宅避難でもお伝えしますが、**冷蔵庫の中の食材は、生命線の一つ**です。揺れによる転倒防止、さらに、その後の避難生活のためにも固定が大切です。

その家電に合った固定具を選びましょう。転倒防止のバンドなどが付属されていることもあります。メーカーのHPで転倒防止の方法を紹介していることもあるので、問い合わせてみてください。

⑦高層マンションの人は、とくに対策が必要

長周期地震動をご存知でしょうか？　地震の揺れが収まった後も、建物が数分にわたって揺れることがあり、東京消防庁の東日本大震災の後の調査では、「高層階」になるほど、転倒、落下、移動している割合が多くなっています（下グラフ参照）。

南海トラフ巨大地震などのM8クラスの地震が起こると、都内の50階ビルでは、片振幅2メートルに達する揺れが10分以上継続する恐れがあると想定されています。（東京消防庁より）

自宅だけではなく、高層階に職場がある方は、職場の対策もしておかないと、子どもを残して……ということにもなりかねません。

東日本大震災での教訓（高層階での室内の危険性）

東日本大震災の発生後に行った東京都内でのアンケート調査では、階層別の家具類の転倒・落下・移動の割合によって以下のようなことがわかりました。

▶東京都内での階層別の家具類の転倒・落下・移動の発生割合

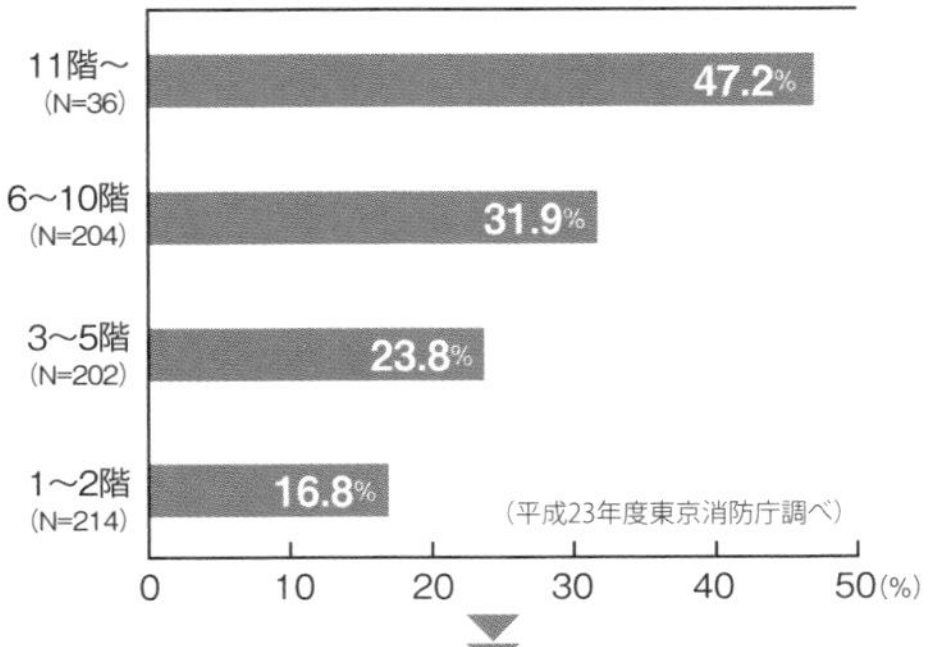

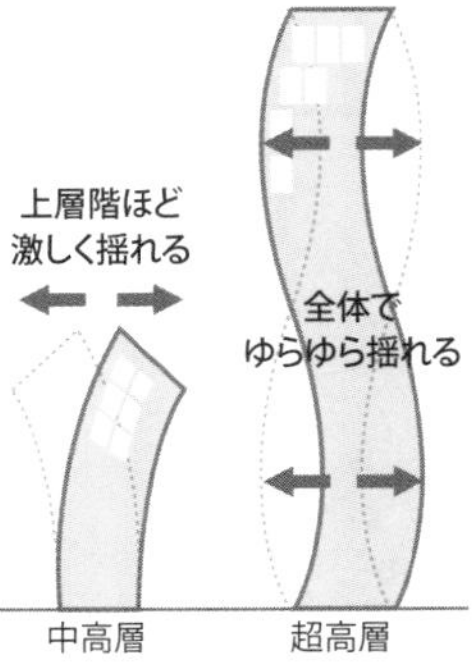

高層階になるほど、転倒・落下・移動の割合が多くなっており、長周期地震動が一因と考えられる！

※移動とは家具類が転倒せず、おおむね60cm動いたこと。

（出所）東京消防庁　家具類の転倒・落下・移動防止対策ハンドブック

■照明・雑貨の対策

⑧大地震では、雑貨も飛びます

吊り下げ式の照明や、壁に写真や額縁、時計を飾っている人は要注意。大きな地震では外れて飛んできます。

熊本地震で被災した方からは「壁掛けの鏡が飛んできて足元に落ちた、もし頭に当たっていたら……」という話も伺いました。

たとえば、照明は天井に直接付けるタイプにする。吊り下げ式の場合は、当たっても痛くないよう布や和紙、シリコンなどの素材に代えたほうが安全です。また、電球も割れにくいポリカーボネート製のLED電球を選びましょう。さらに、写真や額縁、時計も、なるべくガラスなどの割れやすいものを避け、低い場所に置くようにしましょう。

■ガラス対策

⑨窓ガラス対策は、地震＋台風対策

窓ガラスは、地震の揺れで割れたり、何かが倒れたり飛んできたりして割れることもあります。ガラスの破片でケガをすることもありますし、片づけにも時間がかかります。窓ガラス、食器棚のガラス扉、ガラスの入ったドアなどに**飛散防止フィルムを貼っていますか？** 貼ることで割れても破片が飛び散りにくくなります。

最近は**UVカット効果**や、**遮熱効果**のあるものもあります。また、第1章水害編でもお伝えしましたが、**台風などの暴風対策にもなります**。対策をしておけば、台風接近で慌てることもありません。その上で、普段から、レースカーテンを閉めたり、寝る時に**カーテンやブラインドを閉めておく**ことも対策の一つです。

■**火災対策**

⑩ 地震で怖いのが火災です

消火器をどこに置いていますか？ 取り出しやすい場所に置き、使用期限が切れていないか、確認してください。また、**家庭用火災警報器**は付いているでしょうか？ 煙や熱を感知すると、警報音で知らせてくれます。消防法で全ての家に設置が義務付けられています。

ホコリが湿気を帯びて電気が流れ、発火することがあります。普段の掃除の中で**コンセント周りをこまめに掃除**したり、使っていないコンセントは**絶縁キャップ**を取り付けましょう。子どもがコンセントでいたずらをして感電、ヤケドという事故の報告もあります。

インテリアを買う時には、**燃えにくい素材**のカーテンやカーペットなどを選ぶといいでしょう。

ここまで10のポイントを紹介しましたが、一度、見直してしまえば、ひとまず、家の中が安全な空間になります。ここまでの対策ができたら、実際に地震が起きた時のシミュレーションをしていきましょう。

4 今、大地震が起きたら……

▼あなたは子どもを守れますか？

今、大地震が起きたら、あなたはどうしますか？　今は、夜でしょうか？　昼でしょうか？　家族そろって家にいますか？　職場にいますか？　その時その場所で対応は変わってきます。**どんな時に地震が起きても対応できるようにシミュレーション**しておくことが大切です。

緊急地震速報が鳴ったら、まずは身の安全を確保。条件反射のように、頑丈な机があればその下へ。隠れるところがなかったら、とにかく倒れるものから離れるなど、体にインプットしておくことが大切です。子どもにも、あらかじめ伝えて、訓練しておく必要があります。「かくれんぼ」

子どもを守れますか？
夜
昼
家の中
家の中
家の外
職場
保育園・幼稚園
職場
大地震
どんな時に起きても対応できるようにシミュレーションしておこう！
身の安全を守る方法を伝えておこう！
大きな声で
揺れたらパパママが的確な指示を！
揺れている中移動は危険!!

など遊びを通して、「揺れたら机の下に隠れよう」「揺れたら本棚から離れよう」など**子どもの体にもインプットさせておきます**。ダンゴムシのポーズを幼稚園や保育園などで習うこともありますが、**ダンゴムシのポーズをする前に、落ちるもの、倒れるもの、移動するものから離れる!** ということも伝えておきましょう。

そして、実際に揺れた時は、どう行動すべきか、パパ・ママが大きな声で具体的に叫ぶことで、子どもも動くことができます。**パニックにならないよう的確な指示を出すことが大事**です。

昔は、揺れたら「火を消して、ドアを開ける」などと言われていましたが、**揺れている中で移動するのは大変危険**です。ガスは大きな地震で自動的に止まります。大地震の時は、その場で安全な場所を見つけ、揺れに耐えるしかないのです。

5 揺れが収まったら

夜、寝ている時に地震が起きた想定で考えてみます。大地震の場合、停電になる恐れがありますが、暗闇の中で行動するのは大変危険です。**まずは灯り、そして足元の安全を確保**しましょう。そのために、灯りになるものと、足をケガしないようにスリッパなどを**枕元に用意しておく**と安心です。

2016年の熊本地震で被災された女性の話です。夜9時過ぎ、女性が、ベッドで横になっていたところ、地震が発生。ベッドにしがみついてなんとか揺れに耐えたそうです。この女性は防災意識が高く、ベッド横の棚に、懐中電灯や車の鍵、スリッパなどを用意していました。しかし、揺れが収まっ

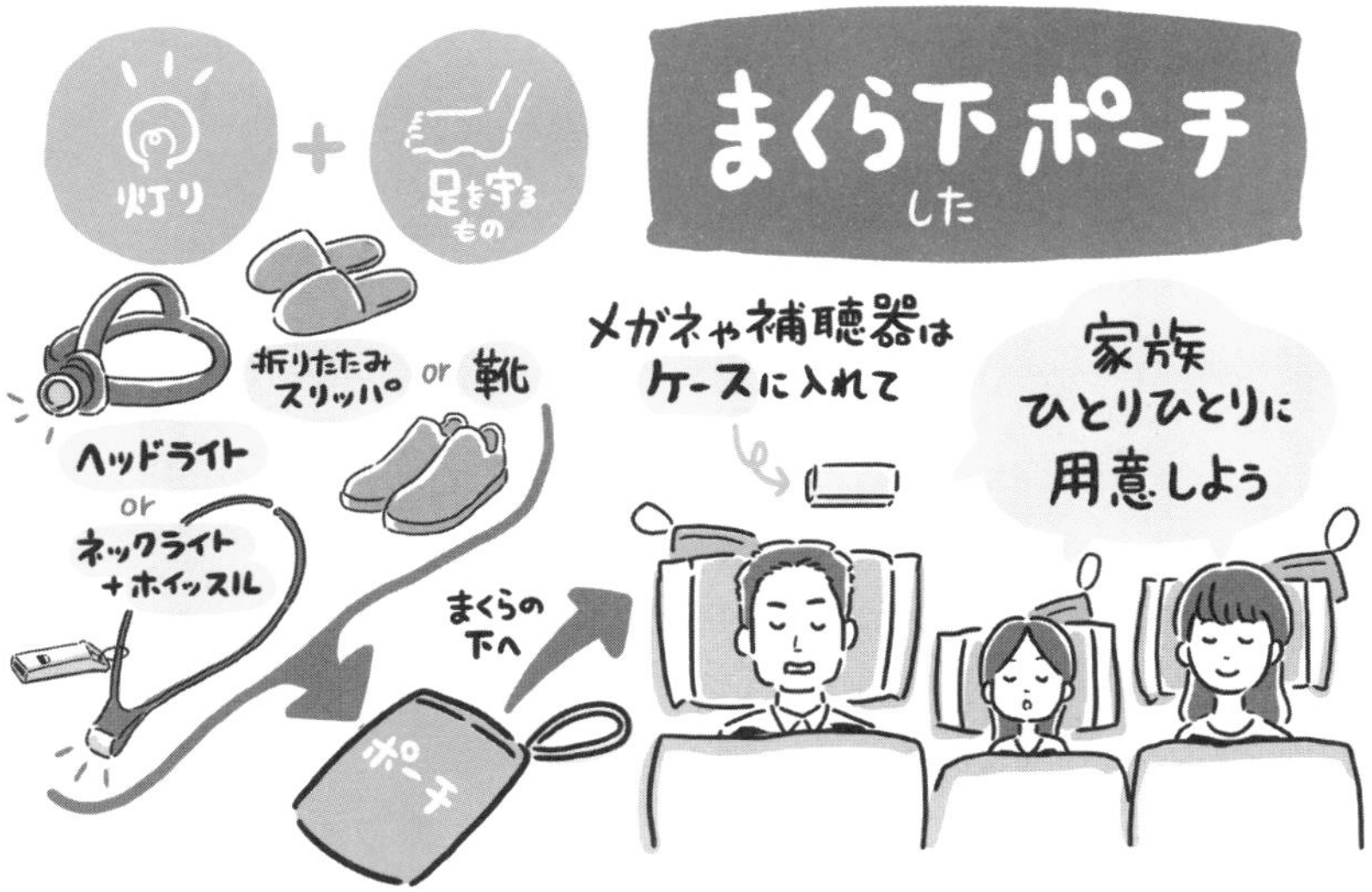

て、停電で真っ暗な中それらを探しても、何一つ見つからなかったそうです。翌朝、明るくなってから確認すると、物が全て2~3メートル飛び、懐中電灯は真っ二つに割れていたそうです。大きな地震では置いてある物は飛んでしまうのです。

この話を聞いてから、私は寝る時に、ホイッスルを付けた**ネックライト**と、ケガ防止の**折りたたみスリッパ**をポーチに入れ、さらに、そのポーチを**枕の下**に挟んで、その上に寝ています。名付けて**「まくら下ポーチ」**。メガネや補聴器が必要な方も、飛んで割れないように、ケースに入れて、枕の下に挟むことをオススメします。枕の下だと違和感があって眠れない方は、ベッドの足にくくりつけたりと、飛んでいかないように工夫してください。

これは**家族一人ひとりに必要**です。子どもの枕の下にも用意しましょう。

6 地震後の初期消火の大切さ

繰り返しになりますが、火の元の確認は、揺れている最中は危険なので**揺れが収まってから**です。地震で怖いのは火災です。大きな災害になればなるほど、消防車などを呼ぶことが難しくなります。

火を消すためには**初期消火が大変重要**になってきます。たとえば首都直下地震で、東京都中野区では、火災で7222軒が焼失する想定ですが、その出火元となる家屋は24軒（中野区民防災ハンドブック）。つまり、延焼する前に、その24軒の火災を鎮火できれば被害は拡大しないとも言えます。

初期消火できる目安は、**炎の高さが自分の目線より下の時**。火が出た時に複数の人がいる場合は、消火に当たる人・火事が発生したことを近所に伝える人・消防に連絡する人と分担します。**炎ではなく、燃えている物に消火剤をかけるのがポイント。炎が天井に達したら危険**なので、その前に避難しましょう。

地域の防災訓練や防災体験施設で、子どもと一緒に消火器の使い方を練習することができます。

子どもが一人でいる時も消火器が使えるように教えておきましょう。東京消防庁のＹｏｕｔｕｂｅでも見ることができます。

おやこ防災チャレンジデー（東京・世田谷区）

7 避難する前に必ずやることリスト

地震が起きると、気が動転し頭が真っ白になることもあります。家の外に避難する必要があった時にやることを、リストにして玄関のドアに貼っておくことをお勧めします。ただし、火災や家屋の倒壊、津波の恐れがある人は、これからあげることをするよりも、急いで逃げることを優先してください。

「通電火災・ガス漏れ対策」

通電火災は、大地震で停電し、電気が復旧した時、電気器具などから出火する火災のことです。阪神・淡路大震災、そして、東日本大震災でも通電火災が確認されています。**避難する前には必ず、電気のブレーカーを落としましょう。**揺れで自動的にブレーカーが落ちる感震ブレーカーを設置することもできます。また、ガスは揺れで自動的に止まる安全装置がついていますが、念のため、**元栓を閉めることを忘れないようにしましょう。**

「防犯対策」

災害時多くなるのが犯罪です。**空き巣に入られないように必ず施錠してから避難**しましょう。

OFF
☑ ブレーカーを落とす
☑ ガスの元栓を閉める
☑ 鍵を閉める
☑ 安否情報を残す
パパへ
子どもたちと
○○小学校に
避難してます。
ママより
玄関の内側に貼っておく

「安否確認」

家族がバラバラで被災した場合、**安否確認**が欠かせません。通信機器を使っての連絡方法は後述しますが、**確実にできることは手書きでメッセージを残すこと**です。たとえば、玄関の扉の内側に貼ったホワイトボードに「生きています。念のため○○に避難します」など一言メッセージを残しておくだけで、別の場所で被災した家族が自宅に戻って玄関を開けた時、安心します(防犯上、外に貼るのは危険です)。

近隣の人同士の安否確認をスムーズにするため、マンションや自治会では、玄関にマグネットを貼ったり、旗を掲げてから避難するという方法を訓練している場所もあります。

避難する時、余裕があったら、近所の方で困っている人がいないか、声をかけてください。阪神・淡路大震災では、地震によって倒壊した建物から救出され生き延びることができた人の約8割が、家族や近所の住民などによって救出されたということです（内閣府平成26年度防災白書)。

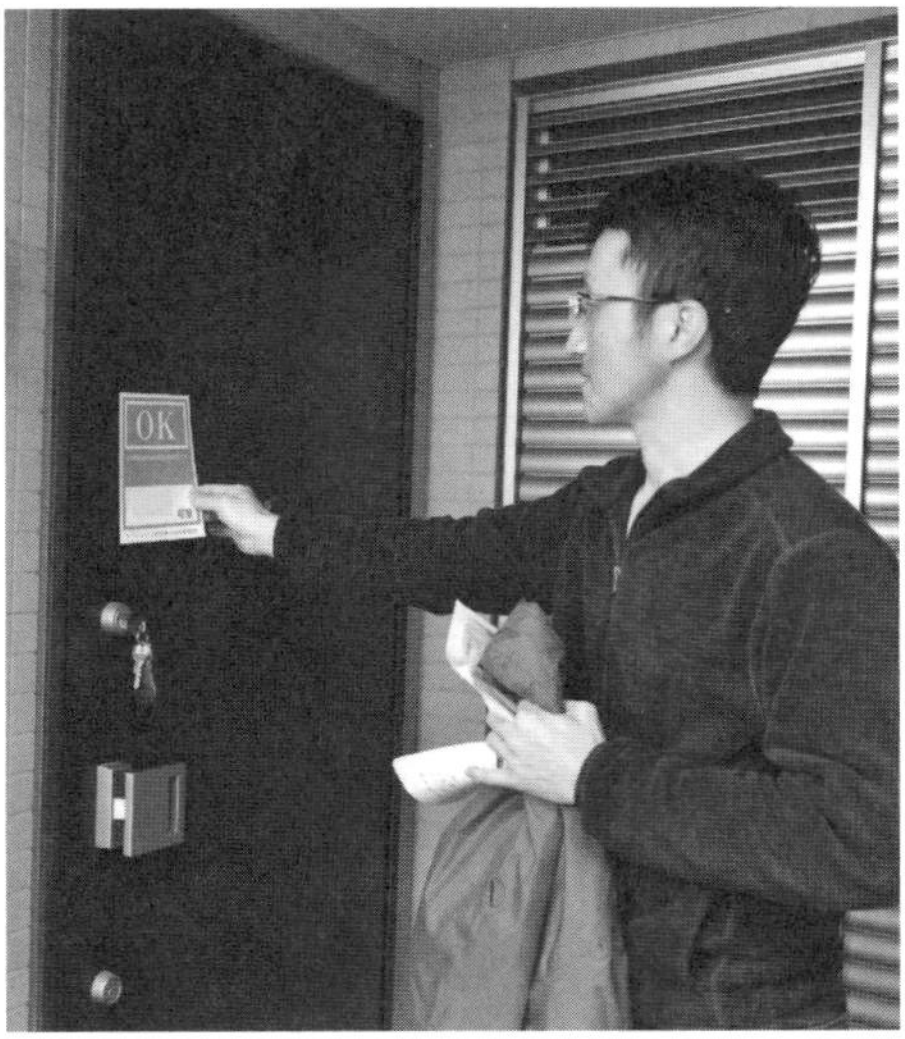

三菱地所レジデンス・津田沼奏の杜エリア
安否確認訓練の様子

8 津波の恐れがあるエリアの方・旅行で沿岸部に行く時

津波ハザードマップを見たことはありますか？ 海の近くに住んでいる方は、必ず確認してください。津波が発生した場合、**高さ何メートルの津波が最短何分で到達するか**、それによってどの範囲がどれくらい浸水するか想定されています。なかには、南海トラフ巨大地震の場合、最短2分で津波が到達する地域もあると想定されています。

「一、想定にとらわれない 二、最善を尽くす 三、率先避難者たれ」という津波三原則があります。第1章水害編でもお伝えしましたが、ハザードマップはあくまで想定です。地震が発生した場合、**想定より大きな津波が、想定より早く襲ってくると思って、最善の行動を取ることが大切**なのです。東日本大震災の津波でも、ハザードマップの浸水想定外に住む方々も多く亡くなっています。

「津波てんでんこ」一人ひとりが、てんでバラバラに逃げろという意味です。お子さんが一人で留守番をしている時、友達と公園で遊んでいる時など様々なシチュエーションを考え、**どんな場所にいても、子どもが一人で高い場所へ逃げられるよう伝えて**おきましょう。たとえば、ハザードマップを一緒に見ながら、家にいた場合は「近くの避難タワーになっているマンションの〇階以上に逃げよう」などと伝え、「実際に何分かかるか測ってみよう」と、一緒に走る練習もしてください。普段の散歩コースを津波避難コースにするなど、子どもの体にもインプットさせておく必要があります。そして、「ここに逃げれば大丈夫」ではなく、さらに最善の方法を考えるよう伝えておきます。数分で津波が到達する地域はかなり厳しいと思いますが、それでもできることを考えておくこと、伝えておくことが大切ではないでしょうか。

旅先で地震が起きることもあります。自分の地域で津波のリスクがないと、津波ハザードマップを見たことがないという方もいると思います。沿岸部に行く時は、移動中などに、「ハザードマップポータルサイト」や自治体のハザードマップで、その地域の想定や避難場所を確認しておきましょう（QRコード参照）。

ハザードマップ
ポータルサイト

地震が発生してから津波が来るかどうか分かるまで時間がかかります。ですから、津波のリスクのある地域の方は、「空振りは避難訓練」。**地震＝津波が来ると思って命を守る行動を**お願いします。

9 子どもと防災マップを作ろう

地震は、一度だけとは限りません。余震があります。避難の際に、**エレベーターは使わない、上から落下するものに気をつける**など、子どもにも伝える必要があります。

水害編（30ページ）に防災散歩について記載しましたが、ぜひ、地震を想定した防災散歩もしてください。地震の時に危険な場所の一つが、**ブロック塀**です。1978年宮城県沖地震の際、その危険性が指摘され、撤去するように補助金を出すなど取り組みが行われているものの、まだまだブロック塀は散見されます。そして、2018年の大阪府北部地震の際、登校途中の女の子がブロック塀の下敷きになり亡くなりました。

2016年熊本地震の被災地でも多くのブロック塀が倒れ、道を塞いでいました。それを撤去するボランティア活動に携わったのですが、重機を使わないと移動させることができないくらい重いものがありました。お子さんの通学路や普段歩く道にブロック塀がないかチェックし、そこを通らないように、もしくは、ブロック塀側を歩かないように伝えることが大事です。

そのほか、**自動販売機**なども倒れやすいです。**電柱や電線も影響を受けます。看板やガラスが落ちてくることも**あります。また、**狭い路地**は、火災や建物の倒壊で通れなくなることも。**橋は**古いものは落下する危険があります。橋の強度などを公表している自治体もあります。

さらに、地震の際も、**土砂災害の恐れ**があります。土砂災害のハザードマップも参考に、警戒区域や特別警戒区域は通らないようにしたいものです。

避難場所まで、なるべく危険が少ないルートを選べるよう、あらかじめ歩いてみることが大事です。その際、**危険なものだけでなく、災害時使えるものもピックアップ**して子どもと一緒に**防災マップを作るのもオススメ**です。たとえば、災害時無償で使える自動販売機、公衆電話、公衆トイレ、消火器などを見つけてマップに印をつけておきましょう。

さらに、大規模災害に備えるならば、自分の家が原発から何キロの場所にあるのか？　化学工場、石油コンビナートなど、近くに危険なものはないか？　あらかじめ把握しておくことで、避難時の判断に役立ちます。

10 大切な人の安否を確認する方法

今はスマートフォンを使って連絡を取り合えるようになりました。普段からLINEなどで家族グループをつくっておく、子どものSNSのアカウントを知っておく、など**複数の連絡手段を確保しておく**といいでしょう。どのSNSが使える状態かは災害が起きてみないとわかりません。

また、大きな災害となり、携帯電話の基地局が被害を受けると、電波が届かなくなります。その場合、スマートフォンでは連絡が取れなくなります。

災害用伝言ダイヤル
171
電話番号が必要
家族で統一しておこう
災害の時…
☑ スマホが使えない
☑ 電話番号を覚えていない
☑ 公衆電話は長蛇の列になることも…

▼「171」を使ったことがありますか?

「171」とは、災害用伝言ダイヤルのことです。電話番号とともにメッセージを録音すると、相手がその電話番号を入力すれば、メッセージを聞くことができます。毎月1日と15日などに練習できるので、ぜひお子さんと使ってみてください。

注意点が一つ。**どの電話番号で入力するか、家族で統一**しておかないと、誰がどの電話番号で録音したか分からなくなります。家族の携帯番号を覚えていない人もいると思います。公衆電話は長蛇の列となることも予想されます。その際、いくつもの電話番号で確認すると時間がかかってしまいます。あらかじめ、誰の電話番号を使って伝言を残しておくかを決めておけば使いやすいでしょう。1件30秒まで、1つの電話番号で20件まで残すことができます。

この171は、**被災していない地域の人も、被災した地域の人の番号を入力すれば聞ける**ので、たとえ被害がなくても、連絡が取れない場合、「(名前)です。生きています、○○に避難しています」などとメッセージを残しておくことで、被災地域の外にいる人にも安心してもらえます。

ぜひ、家族みんなで、できれば離れて暮らす親戚も一緒に一度使ってみて、スムーズに使える方法を考えておきましょう。

災害用伝言ダイヤル(NTT)

メッセージの録音・再生ができる伝言板サービス

171 ▶ 1 ▶ 000-000-0000 (市外局番からの電話番号) ▶ 伝言を入れる (30秒)

171 ▶ 2 ▶ 000-000-0000 (市外局番からの電話番号) ▶ 伝言を聞く

災害用伝言板
Web 171

災害用伝言板サービス(携帯電話・PHS各社)

安否情報を文字で登録・確認できるサービス

安否情報の登録 携帯電話などで文字登録 ▶ 携帯電話やパソコンで安否情報の確認

災害用音声お届けサービス(携帯電話各社)

安否情報を音声で登録・確認できるサービス

発信者 安否情報を音声登録 ▶ 携帯電話会社 ▶ 受信者 安否情報を音声確認

11 災害時の情報収集

ワンセグやアプリを使ってテレビを見ることができるようになりました。ただ、スマホの充電がなくなったり、車の中ですとガソリンなどの燃料が足りなくなることもあります。

そんな時に有効なのが、ラジオです。スマホのアプリで聞くことができますが、こちらも電波状況では、聞けなくなるかもしれませんし、充電の心配もあります。**乾電池式や充電式の簡易ラジオを用意**しておくと良いでしょう。

東日本大震災発生時、ラジオが役に立ったという総務省のデータがあります。「震災発生時は即時性の高いラジオの評価が他のメディアと比較し高くなっており、AMラジオの評価が60・1％と最も高く、次いでFMラジオが続いている」ということでした。ライフラインが寸断され、テレビやスマホが使えない中、唯一の情報源がラジオだったのかもしれません。

当時、仙台にあるテレビ局で災害報道に携わりましたが、発災直後は、おそらく県内の方はほとんどテレビは見られなかったと思います。そのため、全国の人に向けて被災状況を伝えるという状態でした。

また、1カ月半ほど経ち、被災地にラジオを届ける活動をしましたが、「余震が続く中、いつまた津波警報が出るか分からず、ラジオが欠かせない」「避難所での娯楽がない中、ラジオから流れる音楽に癒《いや》された」などラジオの存在意義を感じる声をたくさん伺いました。

災害時、ラジオからの情報を得る上で知っておくと良いのが、**臨時災害放送局**の存在です。既存のコミュニティFMや、臨時で開設されたFM放送局などが、災害時、その地域の情報を流してくれます。被災生活を送る上で、どこで水や食料が配布されるのか？　どこに行けばお風呂が入れるのか？　罹災証明書はいつから発行できるのか？　など、**その地域ならではの情報を得ることができます。**大手メディアでは、被害が大きかった地域の情報など、情報に偏《かたよ》りがあります。被災した時はピンポイントで自分の地域の情報が必要なので、**臨時災害放送**というラジオ放送の存在を知っておくことも備えの一つです。

第3章

子どもたちの「命をつなぐ・避難生活」について考える

「妊娠中」「乳幼児」「障がい児」の備え

1 あなたの避難先はどこですか？

ここからは避難について考えていきます。地震の揺れが収まった後、水害の恐れがある時、あなたはどこに避難しますか？

まずは、自治体が指定している避難先について。自治体が作っている防災マップなどをお持ちでしたら、確認してください。自治体のホームページでも見ることができます。

避難場所と避難所の違い。避難場所とは一時的に難を逃れるために避難する場所。避難所はその後の避難生活を送る場所で、小学校や中学校の体育館などが指定されています。家に戻って生活するのが難しい場合、避難所に入ります。

地震と水害では避難場所が違うこともあります。地震では、屋外、公園・学校のグラウンドなどが指定されていますが、水害の場合は屋内施設が指定されていることが多いです。大規模火災などの恐れがある場合は、大きな公園など広域の避難場所に移動します。

実は、**指定された避難所が必ずしも安全とは限りません。**第1章（28ページ）でもお伝えしましたが、水害の場合、指定避難所の4分の1以上は浸水や土砂災害の恐れがあります。それも踏まえて、どの避難場所、避難所を選ぶのか、家族で話し合う必要があります。こういう災害の時はここに避難、というのをわかりやすくまとめておきましょう。

さらに、**落ち合う場所はピンポイント**に決めておきましょう。バラバラに避難すると、たとえ同じ避難場所や避難所にたどり着けても、敷地が広く、また多くの人が殺到するので、家族を見つけるのは容易ではありません。落ち合う場所と時間を決めておけば安心です。たとえば、「10時0分と15時0分になったら、5分間だけ、〇〇公園のブランコの前に集合する」などです。過去の災害でも、家族を探して、避難所を何カ所もまわったという方もいました。災害が起きる前、今、決めておきましょう。

家族が**バラバラで被災した時のことをシミュレーション**しておくことが大事です。保育園や幼稚園、学校の災害時の対応を確認し、迎えに行けず連絡も取れない時どうするか、ということも決めておきます。

2 コロナ禍での避難の考え方

「避難してください！」と言われると、どうしても「指定された避難場所、避難所へ行かなくては！」と思う方が大変多いのですが、**避難は「難を避けること」**、必ずしも避難所へ行く必要はないのです。大原則として、新型コロナウイルス（以下コロナ）への感染リスクよりも、**命を守る行動を優先することが第一**です。が、どうしても避難所は密になりやすいです。

東京都23区に関してみると、避難所と福祉避難所の収容人数は合わせて210万人ほど（東京都地域防災計画）。23区の住民957万人（住民基本台帳）で計算すると、22％ほど。つまり5人に1人しか避難所に入れないという想定なのです。**避難所に入れる人数は限られている**のです。

2018年の西日本豪雨では、地域全体が被災し、多くの人が避難したことで、ある避難所では、一人ひとりのスペースが狭くなり、最後に避難した方は「横になるスペースはなく、体育座りで一晩を明かした」と伺いました。

今はコロナの感染対策のため、避難所の収容人数をさらに抑えて、ソーシャルディスタンスが取れるようにしています。つまり、**これまで以上に避難所に入れる人数が少なくなっている**のです。

そこで、内閣府なども、**分散避難**を呼びかけています（左チラシ参照）。もちろん危険な場所にいる人は避難が必要ですが、その**避難先も避難所**

とは限りません。自宅、親戚、友人宅、ホテルなども含まれます。自分にとって、そして何より子どもにとって安全な場所に避難することが大事です。それぞれの避難先のメリットとデメリットを知り、ベストな避難先を考えていきましょう。

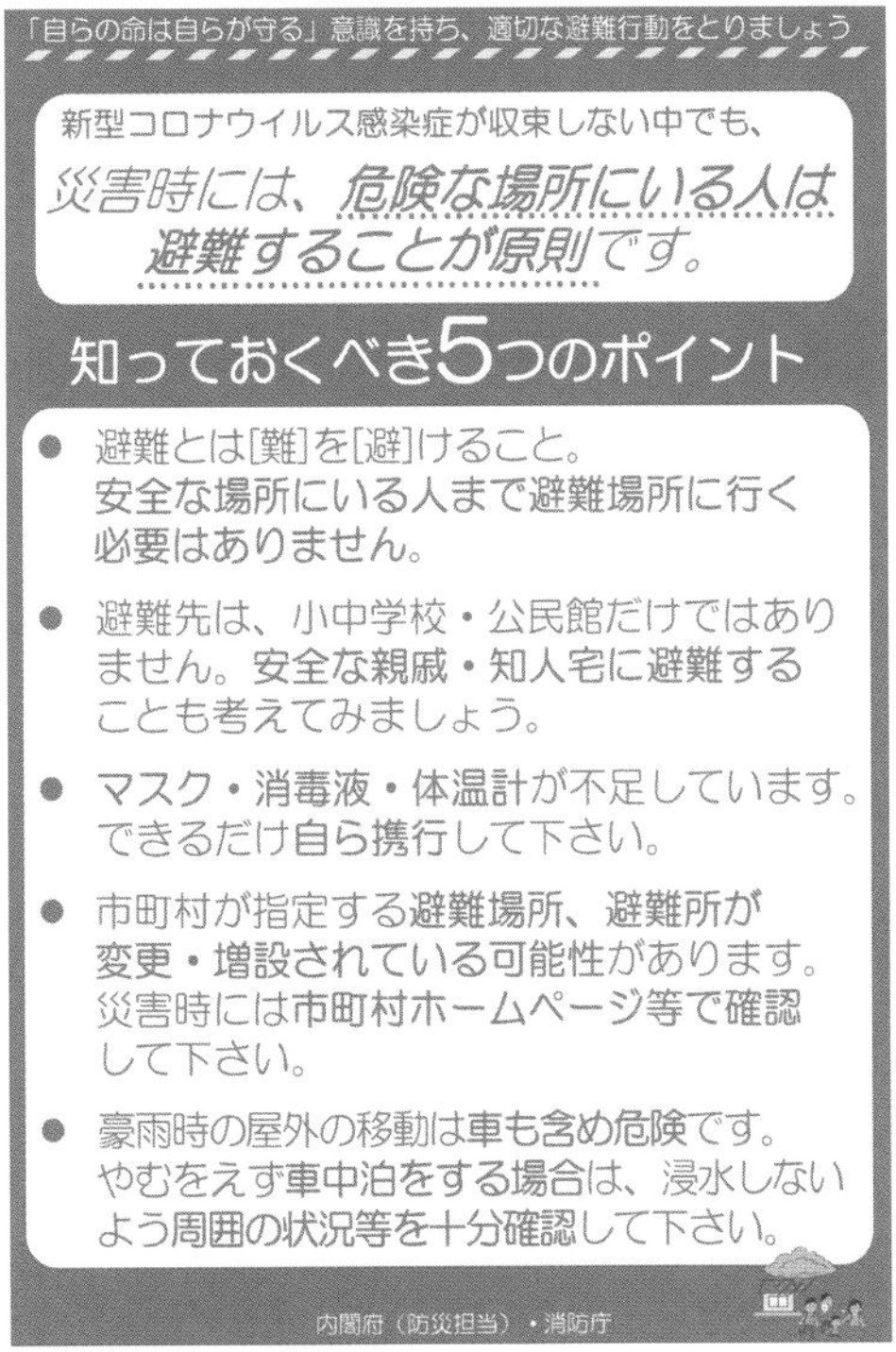

「自らの命は自らが守る」意識を持ち、適切な避難行動をとりましょう

新型コロナウイルス感染症が収束しない中でも、
災害時には、危険な場所にいる人は避難することが原則です。

知っておくべき5つのポイント

- 避難とは[難]を[避]けること。安全な場所にいる人まで避難場所に行く必要はありません。
- 避難先は、小中学校・公民館だけではありません。安全な親戚・知人宅に避難することも考えてみましょう。
- マスク・消毒液・体温計が不足しています。できるだけ自ら携行して下さい。
- 市町村が指定する避難場所、避難所が変更・増設されている可能性があります。災害時には市町村ホームページ等で確認して下さい。
- 豪雨時の屋外の移動は車も含め危険です。やむをえず車中泊をする場合は、浸水しないよう周囲の状況等を十分確認して下さい。

内閣府（防災担当）・消防庁

3 過去の災害から知る避難所の現状

日本の避難所は**「難民キャンプ以下」**と言われているのをご存知でしょうか？ 国際的な難民や被災者に対する人道援助の最低基準、通称「スフィア基準」を下回っているのです。

そのような環境でも、避難所に**避難するメリット**はどんなことがあるでしょうか。**相談できる人がいる・情報が集まる・時間とともに支援物資や支援ボランティアが充実してくる**、などがあげられます。ただ、コロナ禍ではボランティアの受け入れなどが難しくなるので、住民同士で協力して運営していくことも考えられます。

続いて、**避難所のデメリット**を見ていきましょう。前述した通り、収容人数が少なく、避難者が

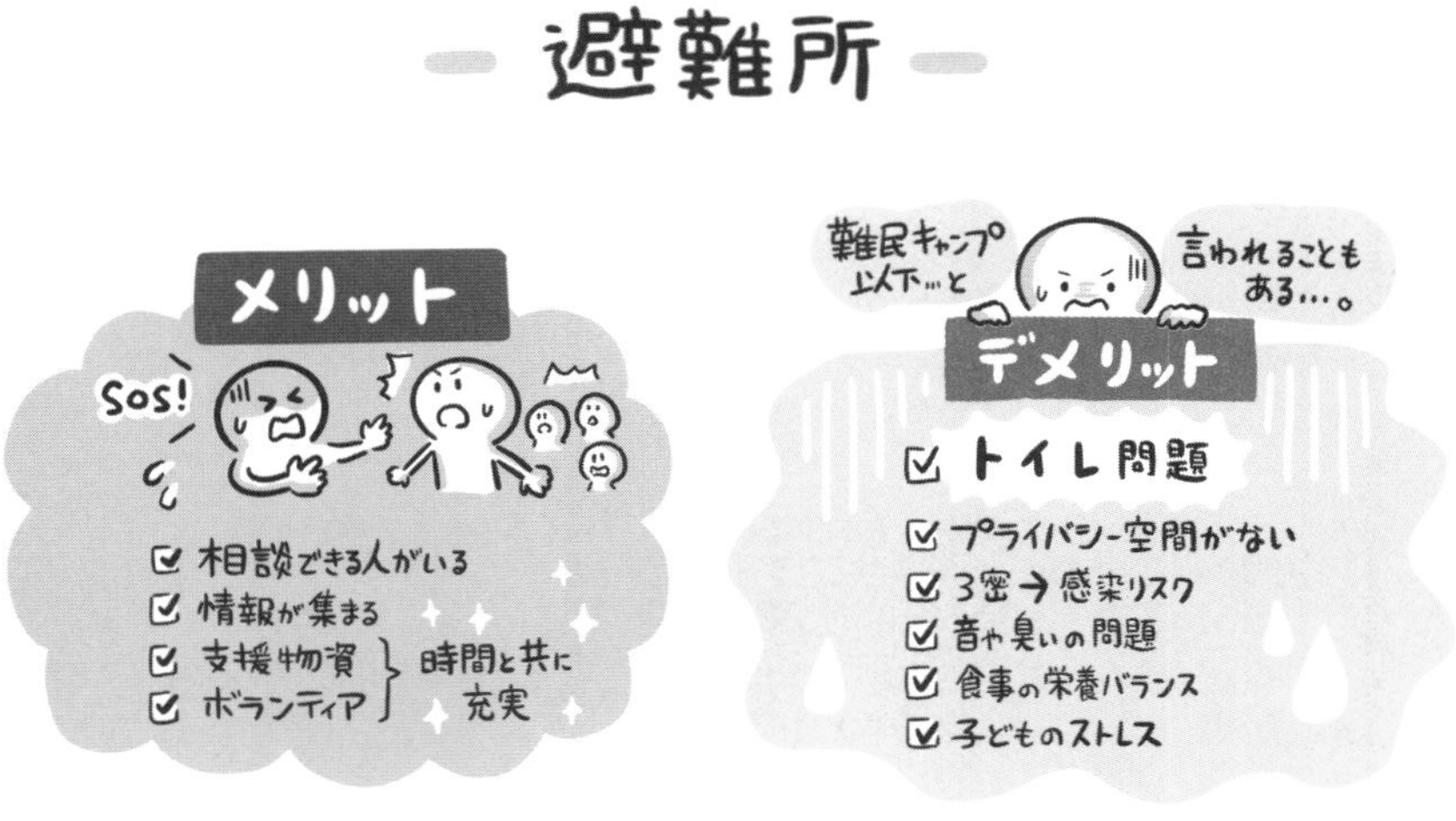

殺到すると、**3密状態になりやすい**です。コロナだけではなく、過去の災害でも、インフルエンザやノロウイルスなどの感染が広がりました。現在は、コロナ感染対策として、避難所の環境改善が進んでいる自治体もあります。

コロナ禍の複合災害となった令和2年7月豪雨の被災地では、避難所はパーテーションや段ボールベッドなどで区切られ、これまでの災害より早く、避難所の環境整備が進んでいるようにも感じました。ただ、完全な**プライバシー空間はなく**、音や臭いの問題なども解決していません。そして、全ての自治体がこのような段ボールベッドなどを備えているわけではありません。

そして、**トイレの問題**。この5年間で、被災によって避難所に宿泊した経験のある全国の男女を対象に実施されたアンケートによると、**避難所で**

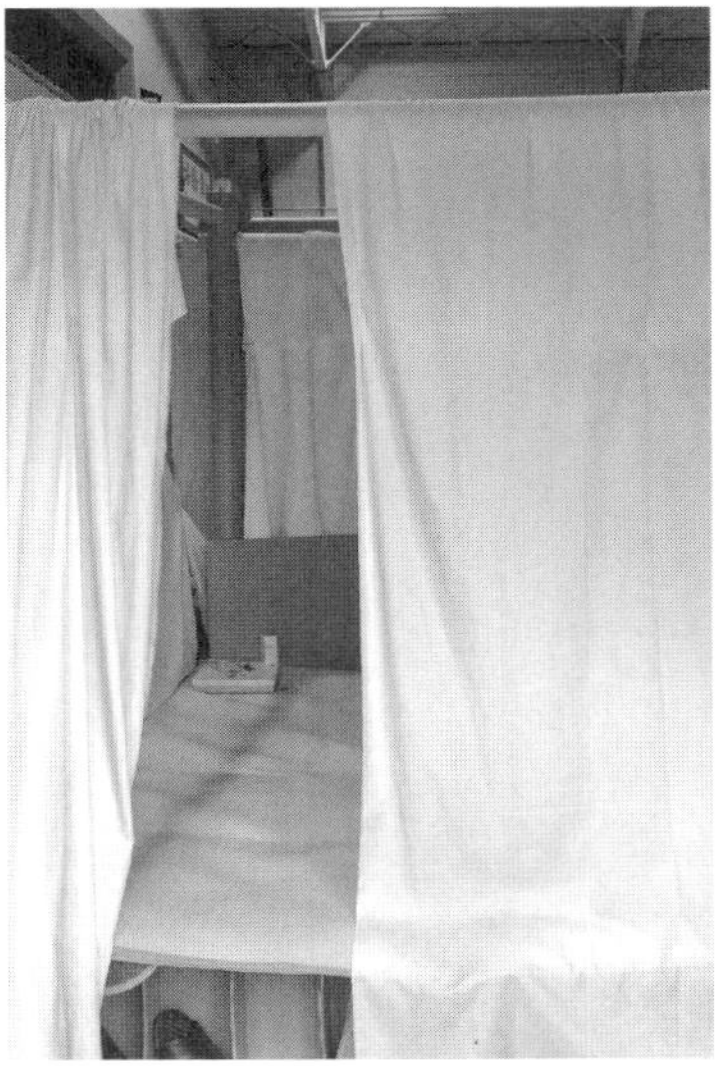

令和2年7月豪雨の被災地での避難所

避難所で過ごす中で困ったことは？

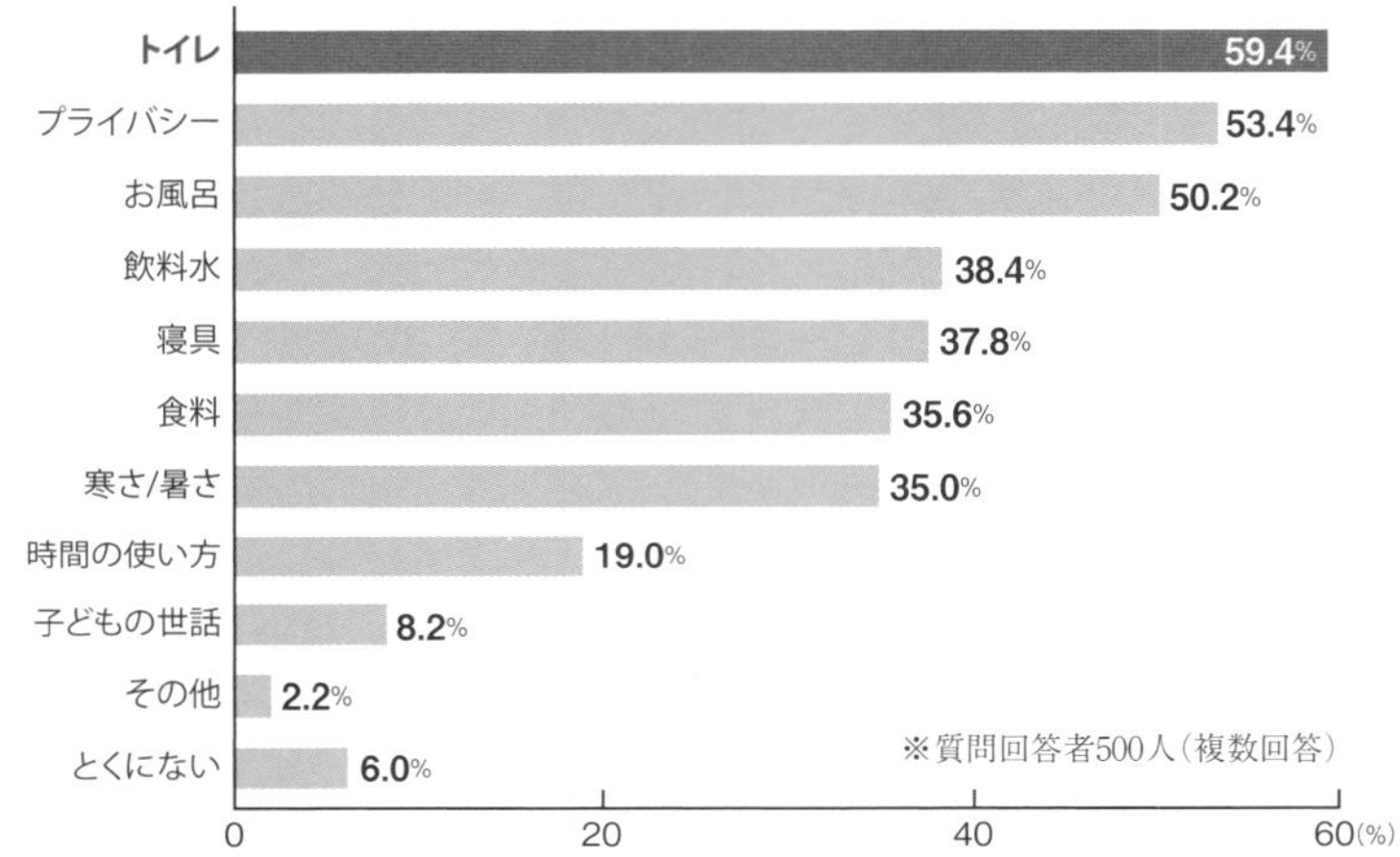

避難所で困ったことの1位は「トイレ」

その原因は……

トイレで困ったことは？

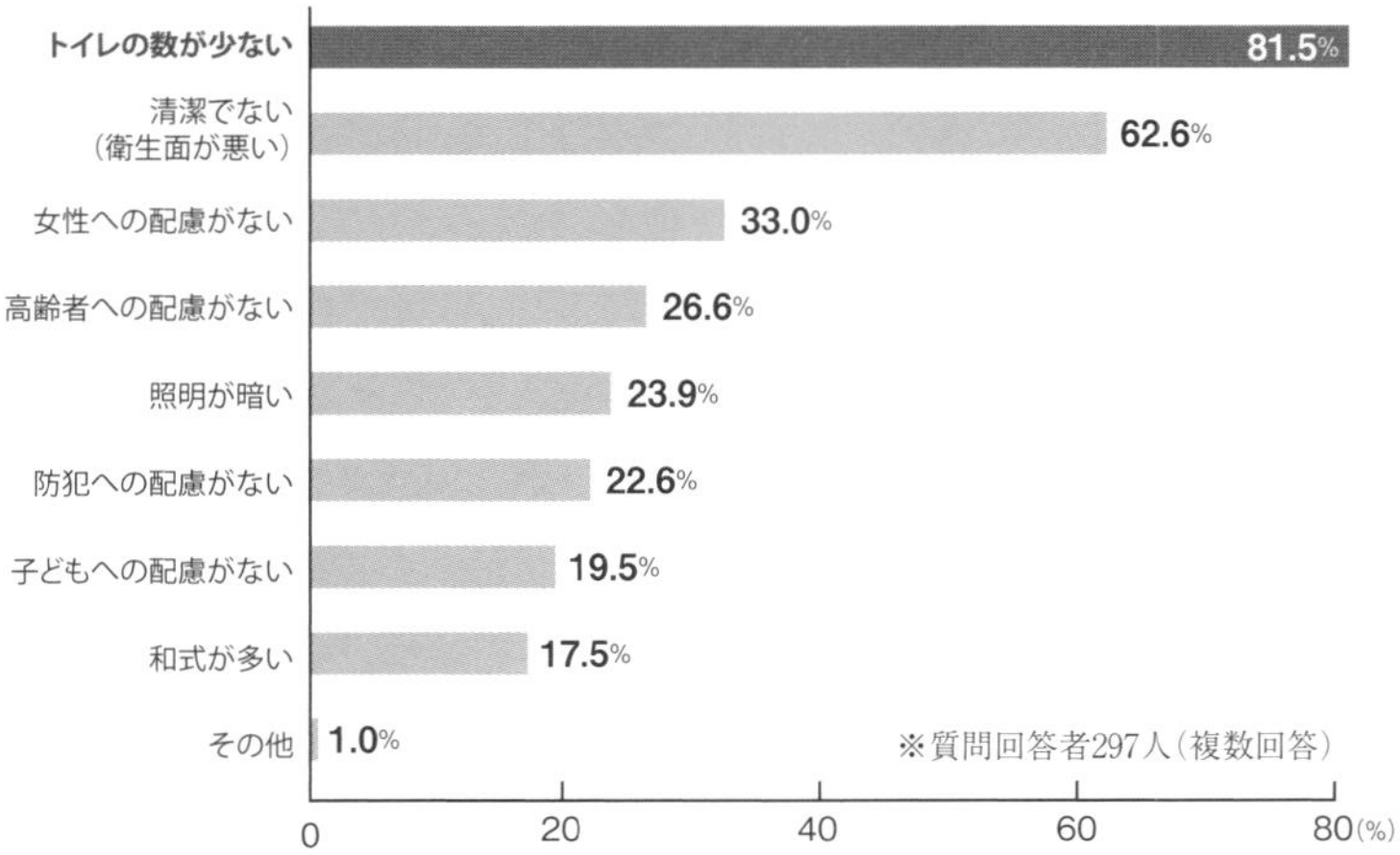

トイレで困ったことの原因の1位は「トイレの数が少ない」、「清潔ではない」が2番目に多く、女性や高齢者への配慮がないことも大きな課題となっている。

（出典）ネオマーケティング調べ

最も困ったことが「トイレ」と回答しています。（ネオマーケティング調べ：右図表参照）

十分な数がなく、長蛇の列になることも。また、**すぐに汚くなります。**避難している住民やボランティアなどで掃除をし、清潔さを心がける態勢を整えないと、使えないほど汚くなります。トイレに行くのを我慢、水分補給や食事を控えるようになり、**健康にも影響が出てきます。**熱中症やエコノミークラス症候群のリスクも高まります。

被災された方からは「ゆっくり気がねなく用をたすために早起きしてトイレに行った」「トイレを我慢して膀胱炎や便秘になった」というお話も伺いました。

そして、**食事の問題。**私が取材したある避難所は、おむすびやパンと飲み物、コンビニ弁当などでした。今はコロナ禍、炊き出し支援なども受け入れにくい状況となりますので、さらに栄養バランスに偏りが出てきます。また、食事の配膳にも時間がかかります。熊本地震の時、ある避難所は1回の食事をもらうのに2時間近く並ばなくてはいけませんでした。1日3回、それが何週間もですから、子ども連れで並ぶのは厳しいです。

子どもにとっても、避難所は過酷な環境です。夜泣きや騒いだりすると、「うるさい」と注意されたり、たとえ「大丈夫よ」と言われても、肩身の狭い思いをすることが多く、子どもが自由に遊べる空間もないためストレスが溜まっていきます。

性犯罪や盗難などの報告もあります。私自身、避難所近くのボランティア拠点で盗難に遭いました。そういった様々なリスクがあることを知った上で、できれば、**避難所以外の選択肢も事前に考えておくことが大切**です。

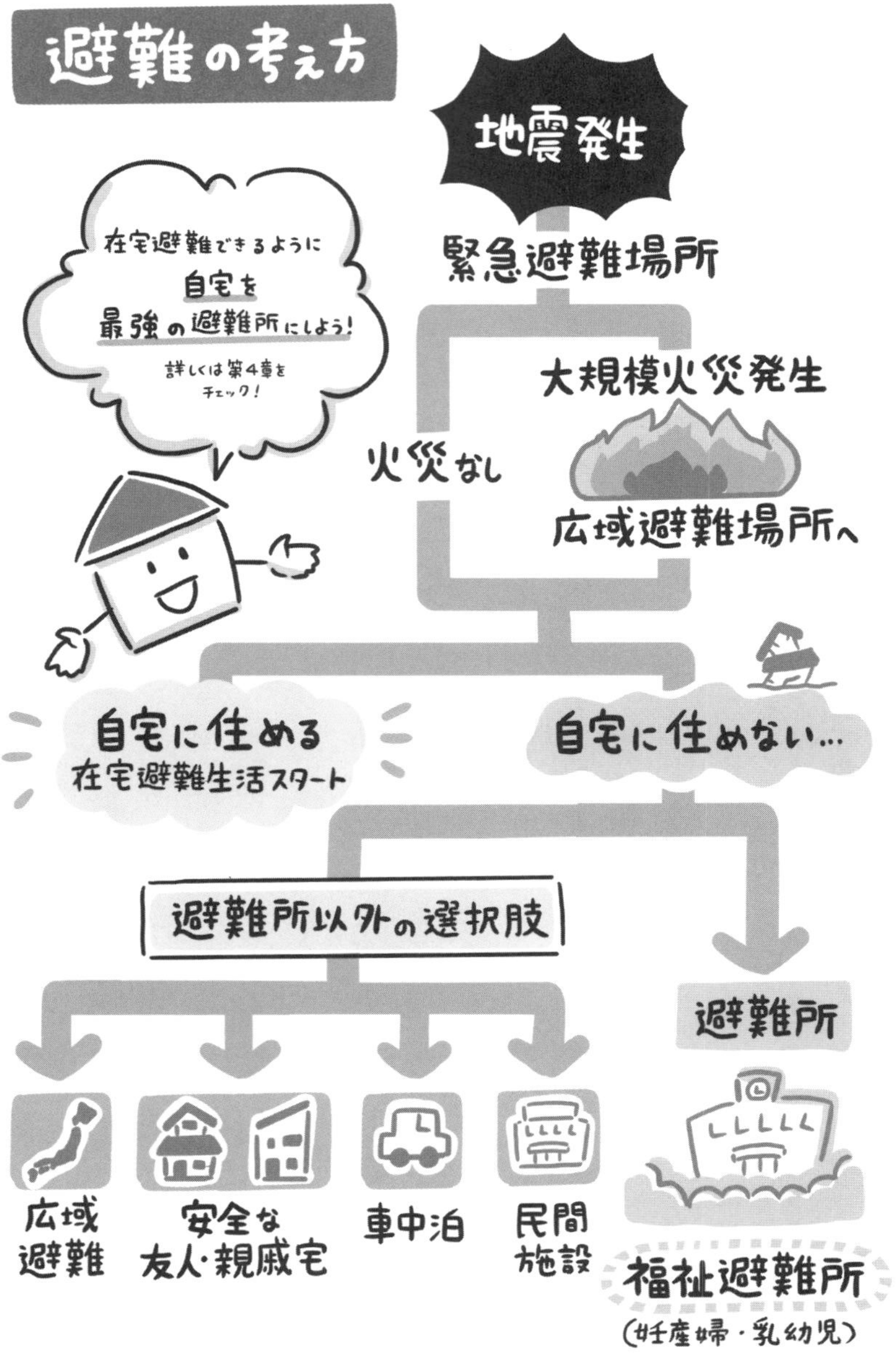
避難の考え方
地震発生
緊急避難場所
在宅避難できるように
自宅を
最強の避難所にしよう!
詳しくは第4章をチェック!
火災なし
大規模火災発生
広域避難場所へ
自宅に住める
在宅避難生活スタート
自宅に住めない…
避難所以外の選択肢
広域避難
安全な友人・親戚宅
車中泊
民間施設
避難所
福祉避難所
(妊産婦・乳幼児)

4 避難所以外の選択肢とは？

災害時、自治体が指定した避難所以外の場所で避難生活を送った方も多くいます。寺院などの宗教施設、民間企業の建物も受け入れていました。ここでは今考えられる選択肢について、メリットとデメリットを考えていきます。

▼車中泊

車を持っている方は、**車中泊**という選択肢があります。熊本地震では、度重なる大きな余震で、家や建物の中にいるのが怖いという理由もあり、多くの方が車中泊をされていました。**メリット**は、**プライバシーが守られる**。ガソリンがあれば、**エアコンやカーラジオなどの機器も使えます**。**デメリット**は、**エコノミークラス症候群のリスク**が高く、携帯トイレを備蓄しておかないと、仮設トイレなどを利用する必要もあります。**夏は気温が上がり、冬は冷えやすく寒い**という難があります。そのため、車中泊を考えている方は事前の準備が必要です。（車中泊への備えについては第5章216ページをご覧ください）

▼親戚・友人宅

安全な場所に住んでいる親戚・友人宅への避難も、選択肢の一つです。平常時、何も起きていない時に「何かあったら避難させて欲しい」ということを相談しておくことが大事です。**事前に話があれば、受け入れる側も心の準備ができます**。避難の際、相手の負担を減らすため、備蓄品やライフラインの代替アイテムを、手土産の代わりに持っていくことをお勧めします。また一緒に避難生活が送れるように手分けして備えるのもいいでしょう。

▼広域避難

広域避難という選択肢もあります。自分の地域を離れて避難することです。台風などではあらかじめ避難できることを、第1章の48ページでお伝えしましたが、地震や水害でも復旧に長期間かかるような大規模災害の時は、移動が可能になったら、**被災地から出ることも、子どもを守るためには大切な判断です。ライフラインが使え、生活のストレスが軽減**される反面、家から距離が遠いと、被災後の**家の片づけが進められない、地域の情報が入りづらい**、ということがあります。

災害や家族の状況に応じて選べるよう、複数の選択肢を持っておくことで、子どもにとって最良の避難先を見つけることができます。

5 在宅避難も立派な避難の一つ

ここまで自宅の外への避難について触れましたが、自宅で過ごすことができる場合、**自宅にとどまることも立派な避難**の一つです。**メリット**は、自宅で気がねなく過ごせ、**プライベート空間**を保つことができます。**子どもにとってもストレスが少なく、ライフラインが寸断されても生活できるよう備蓄しておけば、普段と同じような食事**ができます。ただ、**自宅で過ごせるか判断しにくいこと**や、**外部の情報が入りにくい**、水や食料など、**物資を自分で取りに**行かないと手に入らないというデメリットがあります。在宅避難でも避難所に行き、物資をもらうことはできますが、避難所にいる方が優先されることが多いです。

在宅避難については、次の章161ページから詳しくお伝えします。小さいお子さんのいる家庭では自宅にとどまれるなら「在宅避難」がベストでは、と思っています。ぜひ、自宅が最強の避難所になるよう、備えておくことをお勧めします。

6 福祉避難所をご存知ですか？

妊産婦、乳幼児は、「災害時要配慮者」です。妊娠中や産後は様々なリスクを抱えていること(詳しくは産婦人科医吉田先生のインタビュー102ページで)、また、乳幼児は必要としている水分量が多く、身体は小さくても水分を与えないとすぐに脱水になってしまうなど、特別な配慮が必要です。

そのため、災害時、体調に異変を感じたらすぐに駆けこめるよう、医療機関を調べておくことが大事です。地域の**「災害時拠点病院」**や**「救護所」の場所**、**かかりつけ医などの連絡先を把握**しておきましょう。

自治体の指定避難所の中には、**福祉避難所**という避難所があります。要配慮者（高齢者、障がい者、乳幼児、妊産婦など）と、その家族などの支援者が避難する施設です。自治体によって呼び方や位置付けが違います。多くの場合、要配慮者は一次避難所に避難し、そこで必要性があれば二次避難所として福祉避難所が開設され、移る流れになっています。自治体のホームページには掲載されていないところもあります。ぜひ一度、自治体の担当課に聞いてみてください。そういう場所があると知っておくだけでも避難の選択肢が増えます。

過去の災害では、2019年の台風15、19号の時、千葉県南房総市では、一次避難所として、**保健センターを母子避難所として開設**し、台風上陸の前日から受け入れていました。また、2016年熊本地震や2017年九州北部豪雨でも、発災後に**母子を対象にした避難所**を開設しています。

そのほか、東京都文京区では大学と提携して、災害時に妊産婦・乳幼児を受け入れるという体制を整えてますし、一般の指定避難所に**福祉避難室を設ける**ようにしている自治体もあります。全国各地でこのような福祉避難所が整備されることを願いますが、まだまだ少ないのが現状です。

災害時に「乳幼児・妊産婦等の要援護者を優先して受け入れる避難所」または「乳幼児・妊産婦に配慮した避難所」として想定している避難所の有無については、32・8％の自治体が「ある」、13・8％が「現在はないが、今後、指定する予定がある」との回答があった一方で、53・0％の自治体では「現在もなく、今後も指定する予定はない」という調査結果があります（『明治ほほえみ防災プロジェクト』および『トクする！ 防災』

調べ)。

避難先で、「妊娠しています」「乳児がいます」ということを自ら伝えられる雰囲気作りと、避難所運営に積極的に参加し、自分たちが環境作りをする必要があるかもしれません。

「誰一人取り残さない防災へ」

妊産婦、乳幼児、障がい児は、全人口から考えると比率が低く後回しにされがちですが、災害時、特別な配慮が必要です。少しでも安全な場所で安心して被災生活を送れるよう、それぞれの専門家にお伺いしました。

▼妊娠中の方とご家族へ　102ページ
▼乳幼児のママとご家族へ　114ページ
▼障がい児のご家族へ　142ページ

7 ペットも一緒に避難

ペットも大切な家族。基本的には、ペットは**同行避難**するのが原則です。同行避難とは、一緒に避難するという避難行動を示す言葉であり、避難所でペットと同室で避難生活を送るという意味ではありません。そのため、ケージやクレートを用意するなど事前の備えが必要です。詳しくは、環境省「人とペットの災害対策ガイドライン」をご覧ください（QRコードからアクセス）。

災害、あなたとペットは大丈夫？

専門家インタビュー

妊娠中の方とご家族へ

「妊娠中の防災対策、そして産後、気をつけることとは」

◉……産婦人科医 **吉田穂波**

妊娠中の方が知っておくべき備えについて、産婦人科医で6児（4女2男）のママでもある吉田穂波先生にお伺いしました。先生が作られた「あかちゃんとママを守る防災ノート」は下記のQRコードから無料でダウンロードできますので、お手元にご用意いただき読み進めてください。

あかちゃんとママを守る防災ノート

奥村：東日本大震災の時、吉田先生は、発災直後から継続して産婦人科医として支援に入られていらっしゃいました。現地はどのような状況でしたか？

吉田：震災で大きな被害のあった岩手、宮城、福島の3県は、もともと診療所（クリニックを含む）での分娩が半数前後を占めるのですが、**診療所の大半が被災し、分娩できない状態**になっていました。全国から駆けつけた医師は基幹病院などの支援で手いっぱいで、地域の診療所や避難所まで支援するのは難しい状況でした。私は震災発生から3週間後に石巻市の避難所を回ったのですが、産婦人科に通っていた妊婦さんがどこでどうしているか、医師も行政も把握する術《すべ》すらないという状態で、そのような避難者の情報を管理するシステムがないということに初めて気づきました。

避難所内は多くの避難者でごった返し、**授乳しづらい環境の中、乳幼児連れの方々は肩身の狭い思いをされていました。夜泣きで周囲に迷惑をかけるという理由で自宅に戻ったり車中泊されたりしている方もいました。**避難所からライフラインの通っていない自宅に戻った方は、**重い水や食料を運び、寒さを耐え忍んでいる**ということでした。仮設住宅に移動する優先順位は誰がどう決めているのか分からず、**妊婦でも、なかなか仮設住宅に入れない**状況でした。

私たちがお会いした妊産婦さんたちは、災害弱者として認識されておらず、**「妊婦であることを言い出しにくい」「避難所の救護所では妊婦の診察に不安があるようだ」「どの産婦人科医療機関が開いているのか、情報が届かない」**など、様々な声が聞かれました。

奥村：妊娠中の身体には避難生活は相当な負担となりますよね。

吉田：寒くて不衛生な環境の上、**毎日の食事は同じような弁当やパンだけ**。「仕方がないとは分かっているが、**栄養が非常に偏っていて、赤ちゃんに悪い影響はないのか、これで大丈夫なのか」**という声も聞かれました。また、**皮膚炎や便秘などのマイナートラブルも見られました**。狭いスペースで寝ているという方もいてＤＶＴ（深部静脈血栓症。エコノミークラス症候群と呼ばれ、妊娠中にリスクが上がる）も心配でした。

岩手県立大船渡病院が行った調査では、震災時の環境が妊産婦にどのような影響を与えたかが示されています。この病院は高台にあり、津波被害を免れたため、震災後1カ月間に妊婦さんの多くが受診しました。その調査では多くの妊婦さんが**切迫流早産の症状や不安やストレス、便秘、不眠**などをかかえていることがわかりました（下グラフ参照）。

1995年の**阪神・淡路大震災**の周産期現場における調査では、**早産・流産率の上昇、低出生体重（2500グラム未満）児の有意な増加**が見られています（前年度と比較した場合）。東日本大震災で低出生体重児が増加したという調査結果はありませ

災害時の妊婦に多い症状（岩手県立大船渡病院による調査）

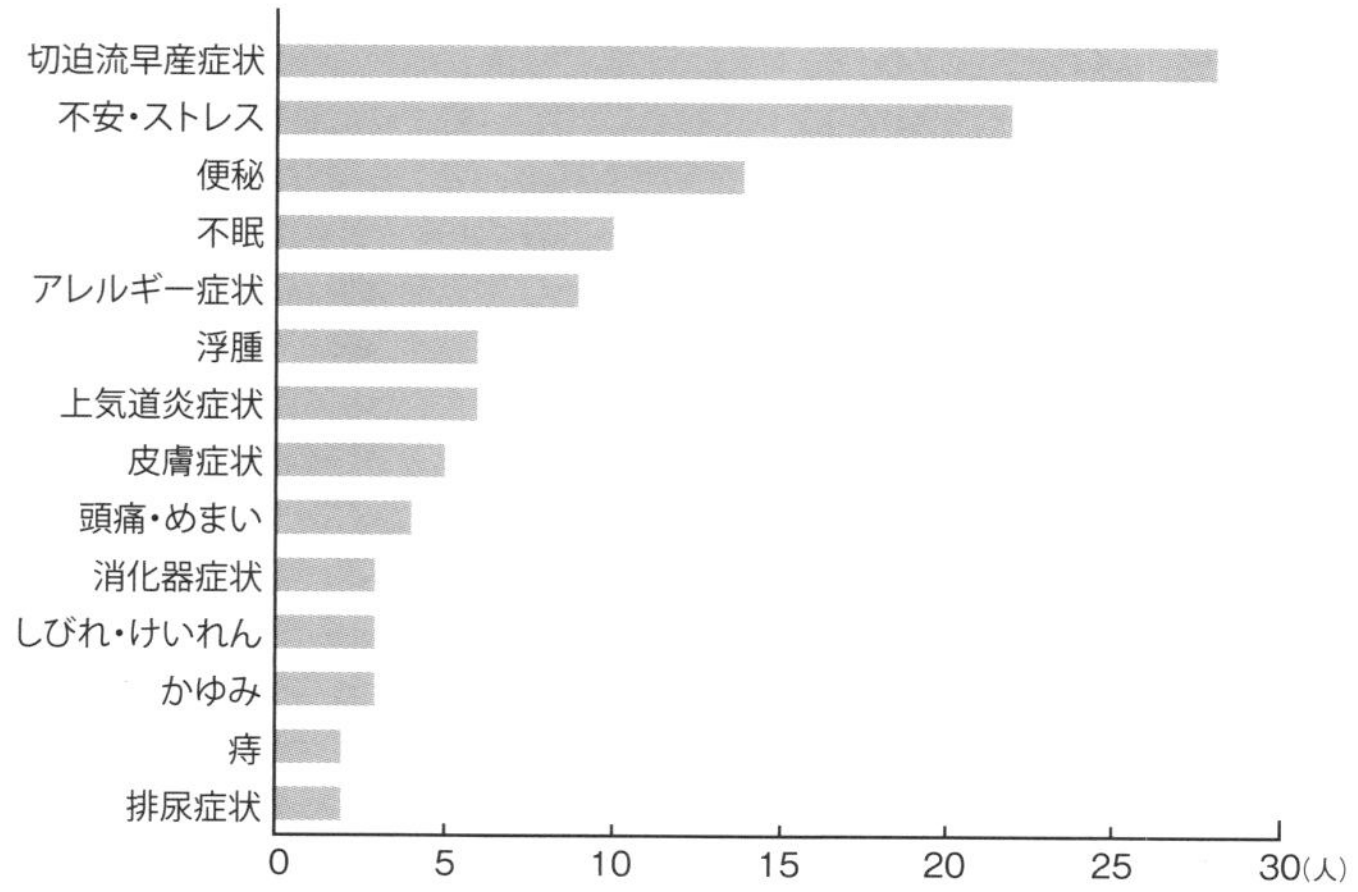

（出典）小笠原敏浩：平成23年度厚生労働科学研究費補助金「地域における周産期医療システムの充実と医療資源の適正配置に関する研究」平成23年度研究成果報告書III-1「激甚災害後に増加する産婦人科疾患とその対策―東日本大震災よりの考察―」[2012]

んが、胎児にも環境次第では震災の影響が及ぶということを示しています。**熊本地震**では、**車中泊避難**をしていた妊娠5カ月の女性が早産し、赤ちゃんは未熟児で、およそ3週間後に亡くなっています。

妊婦は症状が急変することが少なくないですし、さっきまで普通に過ごしていたのに、1時間後には切迫早産などの異常が起きることもあるのです。また、**産後6週間は出血、感染、鬱《うつ》などのリスクが高い**状態です。災害という緊急事態による恐怖・脅威など環境の変化があると、**女性ホルモンの減少による産婦人科系トラブル**（たとえば膣炎や外陰炎、膀胱炎、便秘症、月経異常、不眠症など）**が増加する**ことも分かっています。

そうしたリスクがあることを妊産婦さんご自身もご家族も認識し、備える必要があります。災害時には誰でも、健康面のリスクが高まりますが、とくに妊産婦は人口のわずか0・6パーセント（2019年人口動態統計より算出した全人口における妊産婦の割合）と最もリスクが高い少数派であり真っ先に助けなければいけない、ということを地域全体が認識していなければ、「できるだけ多くの人命を救う」ことが優先される災害対応の中では、妊産婦さんとお腹の中の赤ちゃんが後回しにされてしまいます。**避難所などでは積極的に自分が妊娠していることを周囲に伝えること**がなかなか難しいのが現状です。そこで私が代表を務めていた厚生労働省の研究チームでチェックリストを作り、誰でも無料でダウンロードできるようにしました（詳細は「あかちゃんとママを守る防災ノー

現在の自覚症状 （妊婦用）

自覚症状など	「あり」が一つでもある場合は受診が必要	「あり」の場合 病院に行くまでに自分で行う対応策
腹部の痛み	なし ／ あり	横になり、安静に。 腹部を打っていないか、胎動はどうかを確認。
腹緊・陣痛（お腹のはり）	なし ／ あり	横になり、安静に。 お腹のはりがいつから始まり、いつから規則的になったかを覚えておく。発作と間歇時間を確かめる。
破水・破水感	なし ／ あり	できるだけ清潔なパッドを当て、横になり、安静に。 いつ破水・破水感があったかを覚えておく。
性器出血	なし ／ あり	できるだけ清潔なパッドを当て、横になり、安静に。
胎動消失・減少	なし ／ あり	横になるか、座った状態で、胎児がはっきり１０回動くのにかかる時間（目安は３０分以内）を測ってみる。
高血圧（90/140mmHg 以上）	なし ／ あり	横になり、水分を多く摂り、静かで暗い部屋で安静に過ごす。頭痛・めまい・吐き気・嘔吐・目がちかちかするなどの症状に注意する。
高血圧を伴うむくみ、めまい	なし ／ あり	横になり、水分を多く摂り、静かで暗い部屋で安静に過ごす
発熱を伴う感染徴候	なし ／ あり	感染の可能性があるので、部屋を別にする。 悪寒・咳・鼻水・吐き気・嘔吐・下痢・発熱と同時期に出た湿疹の有無などを確認。
現在かかっている病気	なし ／ あり	{ }
既に治療を受けている病気の悪化	なし ／ あり	{ }

• 14 •

出典：あかちゃんとママを守る防災ノート
監修：神奈川県立保健福祉大学ヘルスイノベーション研究科教授 吉田穂波

ト」より。右図を参照)。

奥村：では、事前にどんな備えが必要でしょうか？

吉田：誰もが**妊娠中に災害があってもおかしくない**、という気持ちで備える必要があります。まずは、ご自身が妊婦健診に通う病院や産院が**災害時にどのような対策を講じているのか**、妊産婦さんにどうするように伝えているのか確認してみましょう。また、災害時でも診察や分娩が可能な場所はどこかを調べておきましょう。各地に**「災害拠点病院」「総合周産期母子医療センター」「地域周産期母子医療センター」**が設置されていますので、最寄りの病院を確認しておくことも必要です。また、自分の町内会や自治体では**どの避難所に医療救護所が設置されるのか**、そこにはオムツなど妊産婦さん用の物資があるのかを調べておくと、自分や自分の家族の避難が必要になった場合、安心です。

同様に、**最寄りの小児医療センター**を調べておくと、産後、乳児を抱えながら災害が起きた時に役立ちます。

奥村：災害時に陣痛が来てしまうことも考えられますよね？

吉田：**母子健康手帳**をすぐに取り出せるよう、写真やコピーで構いませんので、いつも**肌身離さずに持ち歩く**と良いと思います。自宅で災害に遭うとは限りません。出かけた先で被災し、陣痛が起こった……という場合、頭が真っ白になり、必要な情報を思い出せないこともあります。緊急事態に備え、自分の妊娠経過や産婦人科の連絡先、内服薬などが分かるように、あちこちにコピーを分散して保管しておくといいですね。

奥村：自宅や車の中に特別に備えておくものはありますか？

吉田：**妊娠中は非常用リュック**を準備し、急な破水に備えて**防水パッドやタオル、清浄綿**を入れておくと良いと思います。防水パッドやタオルがあれば、自家用車やタクシーで病院に行くまで自分のお尻の下に敷いておいて周囲を濡らさないですみますし、陣痛が進んで赤ちゃんの頭が出てきそうになる前に、清浄綿で会陰部を清潔にしておくことができます。清浄綿がなければウェットティッシュでも構いません。これは、災害でなくとも、平時の墜落分娩（急にお産が進行して病院に行く前に自宅や車中で出産してしまう状態）の対応にも役立ちます。

奥村：先生は、妊娠出産を6回経験されていますが、どんな備えをされていましたか？

吉田：いつも非常用リュックと防災ポーチを分けて準備していました。

非常用リュックを常に持ち歩くわけにはいきませんが、外出時には飲み物に加えて防災ポーチをいつもバッグの中に入れていました。

非常用リュック、防災ポーチに入れるものは「あかちゃんとママを守る防災ノート」の中の5～6ページ（避難バッグを見直そう）を参考に自分らしくアレンジすると良いと思います。

また、現在のように情報過多の中で生活している私たちは、情報が入らない、ネットにつながらない、家族や知人と連絡が取れないという状態になっただけで大きな不安を感じます。**携帯やスマホの**

中の住所録データを外部に保存したり、メモしてお財布の中に入れておいたり、インターネットも電話回線もつながらない時に連絡先を探せるような状態にするなど、今すぐに出来ることがたくさんあります（詳細は、「赤ちゃんとママを守る防災ノート」８ページ参照）。

ご自身やご家族の健康記録も、大きな災害が発生したら貴重な情報になります。**母子健康手帳、保険証、かかりつけ医の診察券、**これまで飲んでいたお薬の名前が書いてある**お薬手帳**などなど……。今のうちにバックアップを取るといいですね（「赤ちゃんとママを守る防災ノート」17ページ参照）。母子健康手帳、保険証などを縮小コピーして、あちこちに入れておくことや、使い終わった薬包をまとめて取っておくのも簡単でオススメですよ。

奥村：妊娠中、または産後は一人でできないことばかり。誰かに助けを求めることも大事になってきますね。

吉田：そうですね。子どものケアや周囲への気遣いだけでな

広域避難場所となる公園で実際の避難対策を話し合う吉田先生と筆者

く、**自分のケアも大事**です。子どもが安心するためには、被災した時に、どこにいるかよりも誰というかということのほうが大切。子どもを守るためにも、子どもの周囲にいる大人たちが支援を受けることをためらわないこと。これを「受援力」と呼びます。

受援力とは、「他者に助けを求め、サポートを受け入れる能力」のこと。もともとは、内閣府が被災地外からボランティアを受け入れるためのキーワードとして用いた言葉です。日本人はSOSを出すことに対するハードルが高く、他人《ひと》に相談したくてもためらう、親など身内には頼めてもママ友や行政、地域のサポーターなどには頼みづらいということが分かっています。

謙虚は日本人の美徳ですし、どんな時にも弱音を吐かないのが良しとされる文化がありますが、平時でも心身の不調を我慢し続ける人々が、我慢を重ねて症状が悪化してから病院へ搬送されることがあります。いくらボランティアなどが支援態勢を作っても、**助けを必要とする人々がSOSを出し、サポートを受け入れなければ、助けることはできない**のです。

災害時は、インフラの途絶や物資不足などで家事や育児の大変さがいつもの何倍にも増え、他人の助けを借りなければとても乗り越えられません。**災害時こそ保育や子育て支援、家事支援が必要**です。とくに今は、人類が初めて向き合う新型コロナのパンデミック時代。こんな時に災害に遭ったら、ご自身やご家族の心身の健康のためにも、周囲に頼っていいのです。**コロナ禍においては皆が被災者**ですから、慢性期のこれからは、さらに色々な問題が顕在化します。母子関係で言えば、非常事

あなたの「受援力スコア」は？

当てはまる ←→ 当てはまらない

1	自分が相当困った状況でないと人に頼めない	1	2	3	4	5
2	人に頼むときは「すみません」と言うのが口ぐせ	1	2	3	4	5
3	人に頼むのは、相手に自信を持たせ、相手を喜ばせることになると思う	5	4	3	2	1
4	誰かにお願いするときは、笑顔で「ありがとう」と言える	5	4	3	2	1
5	困ったとき、「自分でできないのは恥ずかしい」とまず思う	1	2	3	4	5
6	誰かに相談するときはいつも「迷惑をかけて申し訳ない」と思う	1	2	3	4	5
7	自分一人でなんとかできないなんて情けないと思う	1	2	3	4	5
8	人を頼ることは相手への信頼の表れだと思う	5	4	3	2	1
9	助けてもらったときは大喜びで感謝の気持ちを口にする	5	4	3	2	1
10	自分一人でできなくても、人の力を借りることで達成できるほうが良いと思う	5	4	3	2	1

合計　　　　点

あなたの「受援力スコア」は何点でしたか？

0～20点	21～40点	41～50点
人の気持ちにとても敏感で優しいあなたは、頼るのが苦手で、迷惑をかけることを極端に嫌うタイプかもしれません	人に頼れないというわけではないけれど、おかれた立場や相手によっては、頼ることが難しいと感じる場合があるでしょう	受援力の実践者と言えるでしょう。ふだんの生活でも、気持ち良く助けられて受援力を活かしているのではないでしょうか

（出典）吉田穂波著『「つらいのに頼れない」が消える本―受援力を身につける』〈あさ出版〉

態宣言で外出も外遊びもできず、親子双方が我慢してこの時期だけなんとか乗り越えようとしていますが、先行き不透明な中で子どもの甘えが強くなったり、赤ちゃん返りしたり、おねしょが始まってしまったりすることもあるでしょう。そんな時は自分だけで抱え込まず、近所の方々、親せき、行政の方々など、できるだけ多くの人とやり取りして、「それは辛いよね」と愚痴を言い合えるつながりがあれば、お互いに支え合うことができます。

受援力を高めたい方は「受援力ノススメ」の中にたくさんのボキャブラリーがつまっていますのでご一読をお勧めします（下のＱＲコードより無料でダウンロードできます）。

受援力ノススメ

▼吉田先生からのメッセージ

東日本大震災を経験するまでは、私自身、「今の生活を回していくだけでも大変なのに、なぜ、災害に備えなくてはいけないの？　そんな余裕はない」、と思っていました。しかし、被災地で、たくさんの子育て家族の方々、子育て支援をされている方々からお話をお聞きし、妊産婦や乳幼児は、災害時は一番弱い立場にあるのだ、ということに愕然《がくぜん》としました。私たち産婦人科医が病院で待っているだけでは救えない、日ごろから、地域や様々な組織と一緒に災害対応の仕組みを作っていかないと、災害時にどうやって子育て世代を助ければいいのか分からない、ということに気づいたのです。

その後、自分も災害に備えることで、周囲と頼りあう関係が生まれ、子育てネットワークに良い影響をもたらし、日々の子育てが豊かになることが分かってきました。

被災された多くのお母さん、お父さん、ご家族から教えていただいたこと。それは、災害が起こる前に、普段からできることはたくさんあったのだ、ということです。

最後になりましたが、災害に備えることで、皆さんの住む生活が、世界が、未来が、今よりずっと温かく、優しさにあふれるものになりますよう、願っています。

まずは、「あかちゃんとママを守るための防災ノート」に、皆さんの大切な人たちを守るための情報を少しずつ書き溜めていくことで、自分が安心しますし、災害時だけでなく、今の生活や、人との絆づくりに役立ちますよ。

吉田穂波（よしだ ほなみ）
産婦人科医・医学博士・公衆衛生学修士。
1998年三重大医学部卒。日本、独、英国にて産婦人科医として勤務後、08年米国ハーバード公衆衛生大学院留学。10年に帰国後、東日本大震災被災地支援活動に尽力したのち、国立保健医療科学院主任研究官を経て神奈川県保健福祉局技幹として母子保健事業や子育て支援に取り組む。19年より神奈川県立保健福祉大学ヘルスイノベーション研究科教授。今も教育・研究の傍ら産婦人科医として診療にあたり防災啓発を続ける。4女2男の母。

専門家インタビュー

乳幼児のママとご家族へ

「知っておきたい、災害時の赤ちゃんの栄養」

◉……母と子の育児支援ネットワーク　**本郷寛子**

災害時、授乳、赤ちゃんの栄養について不安を抱えている方も多いのではないでしょうか。「母と子の育児支援ネットワーク」の代表で災害時の授乳支援も行っている、本郷寛子さんに伺いしました。インタビューの内容は、動画でもご覧頂けます（QRコードからアクセスしてください）。

読者限定HP

■乳児栄養は道徳的義務ではなく、十分な知識を得た上での選択を

奥村：まず、災害への備えの話の前に、母乳の「権利と義務」の話からお伺いできればと思います。

本郷：母乳の話をする時、「母乳」という言葉を聞くだけで抵抗がある方が多くいます。「母乳で育てるべきなのに母乳が出ないのは母親失格だ、自分の努力が足りなかった」と責められているように感じる人もいるかもしれません。でも、**母乳で育てるのも、権利であって義務ではない**ので

す。自分が良い母親であるか、悪い母親であるかなどと、乳児栄養を道徳的なことと結び付けること自体が違うのです。十分な情報とサポートが必要なのですが、産んだ病院の方針や支援者の知識、家族の協力、いろんな状況があって母乳育児が「願っていたようにできない」という現実があります。

私自身も一人目の時に、不適切な情報もあり、試行錯誤しても思うようにできなかったという子育てを経験しています。でも、その後、適切な情報に出合った時に「自分はあの時、精一杯やったんだ」と。

どのお母さんも、自分の子に、その時々の情報の中で精一杯のことをされています。今から話すことで、「あ！ そうだったんだ、でも、その中で自分はこれだけ精一杯やったんだな」と思い、次の世代、あるいは次の子のために知識として知っておいていただけたら。なかなか、子育ては理想通りにいかないものです。これは知っておいたほうが良いということを情報提供しますが、「こうしなきゃいけないんだ」と思わないでいただければなと思います。

奥村：災害時の備えは、現在の授乳方法によって変わってきますよね。**母乳、ミルク、混合**とそれぞれの方に合わせて、教えてください。

母乳をあげている方に向けて

■母乳の分泌のしくみ

奥村：まず、災害時、母乳が出なくなるのでは？ と不安に思う方もいると思いますが、**「ストレスで母乳が出なくなる、は誤解」**ということですね。

本郷：母乳の分泌のしくみが、あまり広く理解されていないということがあると思います。**情報が不足しているの**です。

母乳の出には、**母乳を作るホルモン（プロラクチン）と、作られた母乳を外に押し出すホルモン（オキシトシン）**が関係しています。赤ちゃんが乳房を吸うと、脳下垂体からプロラクチンとオキシトシンが出るので、母乳を作るためにも出すためにも、赤ちゃんに吸ってもらうことが大切です。授乳や搾乳によって母乳を外に出すと、新しく母乳が作られます。**プロラクチンの分泌はストレスには左右されません**。

もう一つのホルモンの**オキシトシンは、ストレスで一時的に出にくくなることがあります**。なので、赤ちゃんがおっぱいを吸っても**出てくるまでに時間がかかったり、そのことで赤ちゃんがぐずったりということは実際に起こります。吸わせ続けているとやがて出てくるようになります。**

母乳が外になかなか出てこない、イコール、母乳が作られなくなった、ということではないの

で、赤ちゃんと一緒に安全なところに落ち着いて乳房を吸い続けると、母乳の流れは再開するようにできています。

アメリカ小児科学会とアメリカ産婦人科学会で出している医師のためのハンドブックには、**「ストレスで母乳が止まることはないとお母さんに伝えて安心してもらいましょう」**と書いてあります。一方で、日本の場合は、むしろ、ストレスで母乳は出なくなるから母乳で育てていてもミルクや哺乳瓶を備蓄しましょう、などという情報が出回っています。今では訂正されている情報なのですが、**過去の情報がネットで拡散**されてしまい、そう思い込んでいる方がたくさんいるようです。実はオキシトシンというのはリラックスをしたり、自分が気持ちいいなと思った時に出てくるホルモンなんです。**止まるのではないかと不安があると、それだけオキシトシンの分泌が妨げられますので**、悪循環です。

奥村：被災したお母さんたちを取材すると、「おっぱいが出なくなった」と、伺ったことがあります。おっぱいが出なくなったと思われた方が多いから、こういう情報も拡散されているのかなと思うのですが。

本郷：それは、どんなにか辛い経験をされたのでしょうね。家族を亡くすなどのひどいストレスで、一時的に母乳が外に出にくくなるという現象は起こりえます。ひどいショックと恐怖で一時的に涙が出なくなるというのと同じような状況だったのかもしれません。

どうする？
災害時の赤ちゃんの栄養
原始時代には危機が迫った時に乳を押し出すのを一時的にとめ安全になると出る仕組みができたといわれています
ガルル…
乳が原因で嗅ぎつけられる可能性も…
これは「今はゆっくり授乳している場合ではなく逃げろ」ということだからです
だから「ここは安心」と思えるような場所を用意する事がとっても大事なの
テント
仕切り
別室
個室
安全だと思える環境
でも
災害時の状況だと授乳回数が減りがちになって…
ソワソワ…
授乳回数が減ってる劇場
作ったけどこれからは減らす〜〜
回数減ってるな！生産減らすか〜
プロラクチン
FIL 母乳量の抑制・調整のしくみ
押し出すのちょっと休む〜
ストレスに敏感
オキシトシン
少し多めにあげていたらいつもより出たって人もいるの
免疫成分が含まれている！スプーン1杯で菌を殺す成分は300万!!
母乳
ミルク
それなら母乳を多目にあげてみようかな♪
グッ!!
りすからひとこと
母乳をあげる権利を保障するだけで、母乳をあげなくてはいけないとか義務の話じゃないよ〜
だから母乳をあげている人には授乳に専念できるように
安心できる環境整備が

「どうする？　災害時の赤ちゃんの栄養」 comic by エムラヤスコ
あんどう りす・本郷寛子発行より許可を得て一部紹介

オキシトシンが阻害されたり、搾乳に慣れていなかったりすると、なかなか母乳が流れ出ないので、「止まった」と感じる可能性もあります。災害時には温かい支援、安心して授乳を続けられる環境が必要です。

奥村：私がお会いした方の中ですと、たとえば、3カ月の赤ちゃんのお母さんは、「地震発生3日目くらいからおっぱいが張らなくなり、子どもは飲むけど、前よりも泣く頻度が増えた。おっぱいが出なくなったのかなあと思った」と話していました。

本郷：その方は、2つのことが可能性としては考えられます。

①もしかしたら**災害とは関係なく起きた可能性もある**というのが1つ。赤ちゃんは**急成長の時期があって、大体3の倍数の時、3週間、6週間、3カ月の時に、急に頻繁に飲む時期があります。それで、大体その時に、「自分はおっぱいが出なくなった」と思ってしまうのです。**それまで乳房が張っていたれけど、張らなくなったっという時期と重なることもあります。おっぱいは、吸われるとどんどん作られるのですが、乳房の中に母乳が溜まると張るんです。張る状態だと、もうこんなに作らなくていいんだと情報が行き、生産を減らそうとします。**張らなくなったということは、需要と供給が合ってきた**ということ。急成長の時は、いっぱい吸ってもらって生産量を増やしたいので、頻繁に飲ませることが必要なんです。逆に、足りないんだろうとミルクをあげることによって、ミルクをあげた分だけおっぱいが外に出なくなる。そうすると乳房の中に母乳が残り、結果と

して母乳の生産を減らしてしまうのです。

②もう1つは、災害が起き、**大人でも泣きたくなるような時に、子どもが泣くというのは、ある意味当たり前**のことで、それは足りなくなったから泣いているとは限らないということです。どうもお母さんの様子がいつもと違うとか、落ち着かないということで、頻繁に泣く、頻繁に欲しがる、というのはよくあることなんです。これは平常時でも起こるけれど、災害時は尚更です。

■災害時の授乳の心構え

奥村：では、ママたちは災害時、どのような意識で授乳を続けたら良いでしょうか?

本郷：まず、**自分の体と赤ちゃんを信じること**です。母乳の分泌は、災害時のストレスが大きい時期であっても驚くほど順応できるようになっています。赤ちゃんが泣くまで待たないで、**欲しそうになったら、回数など気にせず何回でも授乳することで、赤ちゃんの命と健康を守ります**。

災害といった非日常が起きると、他にしなければいけないことが増えて、授乳する回数が減ることも起きます。また、たとえば善意でもらったミルクを念のために飲ませたりすると、母乳は乳房の中にたまっていくので、作られる量がやがて減ってしまう可能性もあります。ですから、とにかくどんどん母乳を外に出すこと、授乳を続けていくことが大切です。

リラックスすればいいいと頭でわかっていても、それができない状況というのもあるかもしれません。そんな時には、自分自身で**リラックスできる方法**を知っておくといいですね。▼**たくさん抱っ**

こする ▼赤ちゃんと肌と肌で触れ合う ▼乳房を何回でも含ませる ▼深呼吸 ▼ママ同士が集まって励ましあう ▼肩や背中をマッサージしてもらう ▼誰かに気持ちを聞いてもらう、などで、オキシトシンは出やすくなります。

それから、子どもを守るために、**遠慮せずに、周囲に困っていることを知らせたり、相談すること**です。母乳を続けること、続けるために支援を求めることは、赤ちゃんにとってもママにとっても心身のために大事です。

奥村：母親自身の食事がままならないこともありますが、それでもおっぱいは出ますか？

本郷：はい、**ママが数日間栄養をあまり摂《と》れないような状態でも、母乳は十分な量と栄養が含まれていることがわかっています**（母乳は母親の体内に貯蔵されている栄養分から作られるので）。発災前からよほどの栄養失調ではない限り、母乳中の栄養もほとんど変化しません。

母乳が出ているかどうかの判断は、赤ちゃんがおしっこをしているかどうかでわかります。今までよりも赤ちゃんのおしっこが少なくなっている場合、あるいは、ママの尿の色が濃くなっている場合、**ママ自身が脱水にならないよう、できるだけ水分を摂ることが大切**です。水でもお茶でもジュースでもなんでもかまいません。

奥村：お風呂に入れない場合、乳首は汚なくならないですか？

本郷：乳頭の周りには**モントゴメリー腺というぶつぶつがあり、乳首を清潔にし弱酸性に保つ分泌**

物を出していますので、石鹸で洗ったり、清浄綿で拭き取ったりする必要はないとされています。汚れた手で乳首に触れたり、泥水に全身浸かった、という場合は別ですが。

■母乳の免疫物質

奥村：災害時は、おっぱいをあげるメリットがたくさんあると伺いました。

本郷：メリットを知っていることは、本人だけではなく周囲にとっても大事ですね。**母乳中には人工的に作りだすことのできないたくさんの免疫物質が含まれます**。災害が起こると、衛生状態も悪化し、保健医療システムも手一杯になってきます。母乳を続けることは**赤ちゃんが感染症にかかるリスクが減り、かかっても軽く済みます**。また、**周囲も感染症にかかりにくくなる**ということにもつながります。また、災害時には資源が限られますので、直接授乳することができれば、容器も水もいりませんので、水の中の細菌や寄生虫から赤ちゃんが守られます。

母乳の中には、その時の赤ちゃんにぴったりの栄養や様々な

母乳中の成分が赤ちゃんを守ってくれる

- 病気から守る**抗体**
  - ▶免疫グロブリン（5タイプ）
- **ラクトフェリン、ムチン、リゾチーム**
  - ▶病原菌やウイルスから赤ちゃんを守る
- 免疫を高め感染症と闘う**白血球**
  - ▶小さじ1杯5ccの母乳に菌を殺す細胞が300万
- 腸をサポートする**プレバイオティクス**
  - ▶母乳のオリゴ糖は200種類以上
  - ▶下痢や呼吸器疾患などの感染から赤ちゃんを守る
- **遊離脂肪酸**
  - ▶細菌、ウイルス、寄生虫に抵抗する作用
- 消化系を守る**有益な細菌**
- 消化系と免疫系をサポートする**酵素**
  - ▶40種類以上

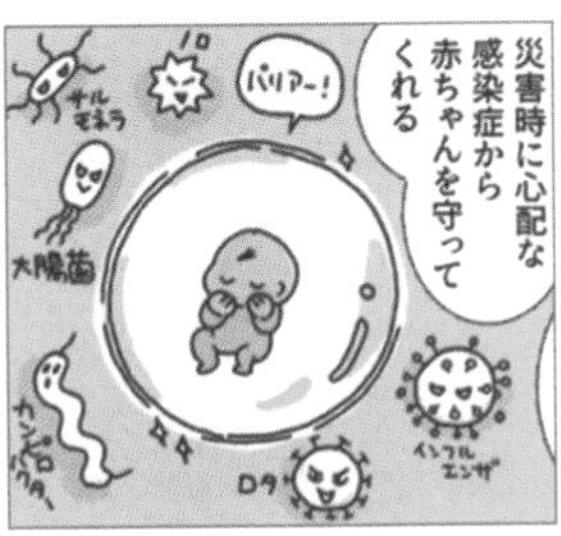

「どうする？　災害時の赤ちゃんの栄養」許可を得て一部掲載

母乳中の免疫物質は生後1年以上経っていても減らない

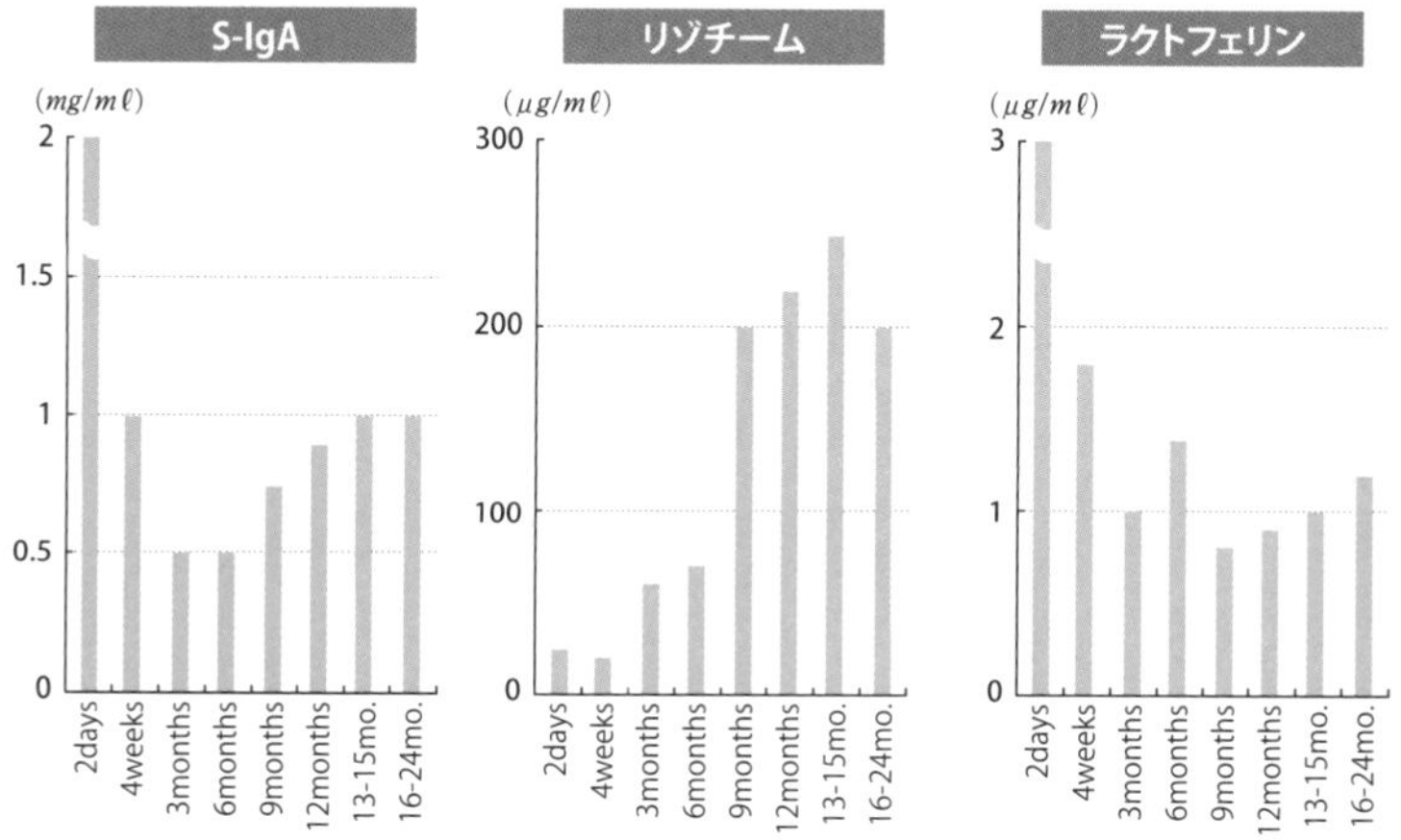

（出典）奥起久子：災害時の乳幼児の栄養支援、助産雑誌、73(8)：676-683,2019

免疫物質が含まれます（下図参照）。**母乳はママの血液から作られ、白血球が生きたまま含まれます。**スプーン1杯の母乳中に300万個も入っていて、その90%がマクロファージと呼ばれる大食細胞で、細菌を食べてくれるのです。搾乳した母乳が、常温で4～6時間、冷蔵庫で3～8日間、冷凍庫で半年～1年も保存可能なのは、そのためです。

母乳の健康上のメリットは、飲ませる量に応じて大きくなります。**1回でも多く吸わせて飲ませ続けることで、それだけメリットが大きくなります。**実は授乳の回数が減ってだんだんその母乳が少なくなってやめていく過程において、**免疫物質の濃度が増えることが分かっています**（グラフ参照）。

授乳することでホルモンが作用し、お母さんがリラックスできることも、災害時でのメリットです。まあいいか、休むか、ぐらいのつもりでおっぱいをあげると自分の体が本当に仕事をしてくれる。そのぐらいのつもりで良いと思います。

奥村：**また、ミルクが必要な人のためにも母乳を続けることも大切**ということですね。

本郷：災害時には、乳児用ミルクや清潔な容器、燃料などの資源は限られてきます。母乳で育っている赤ちゃんが多いほど、感染症が蔓延しにくくなり、必要な資源をミルクで育つ赤ちゃんのために十分使うことができ、ミルクで育つ赤ちゃんの命を守ることになります。

■気がねなく授乳できる環境作り

奥村：パパや周りの人ができることはありますか？

本郷：**赤ちゃんの命を守れるのは「もの」ではなく、親という人間**です。授乳をしているママの自信と安心を守るのがパパ、そして周囲の人の務めです。災害が起きると、しなければならない仕事が増え、その多くは女性に求められがちという残念な現状があります。しかし、赤ちゃんにおっぱいをあげるということはママしかできない、命を守るための大事な仕事です。**授乳中のママが気がねなく授乳できるように、授乳以外の仕事は周囲が積極的に分担すること**。避難所にいるなら、ママの代わりに、安心して授乳できるようなコーナーを作ってもらうように頼むこと。どこでもいつでも授乳していいんだよ、というウェルカムな雰囲気を作ることも大切でしょう。いつでも授乳できることは、皆が泣き声によるストレスをためにくくなるという利点もありますし、母乳を飲む赤ちゃんが増えれば、それだけ感染症も蔓延しにくくなります。

平常時にできないことを災害時だけ行うということは難しいので、平常時から、**授乳以外の家事・育児は男性（パパだけではなくおじいちゃん、おじさんも）も積極的にできるようにしておくこと**、生活に根差した**女性の声をよく聴いて防災計画に反映させておくこと、いつでもどこでも授乳してもウェルカムという意識を社会がもっていくこと**が大切な防災対策にもなります。２０２０年５月に出された内閣府男女共同参画局の防災復興ガイドラインでも、女性の声を防災計画にいれることを重視しています。（下のＱＲコードからアクセス、11ページ他参照）

災害対応力を強化する女性の視点

■普段の備えについて

奥村：母乳育児中の方がミルクを備蓄したり、平常時にミルクを飲めるようにしておく必要がないということですね。

本郷：はい、**母乳だけで育てている人は、ミルクや哺乳瓶の備蓄は不要**ですし、**ミルクを試す必要もありません**。それよりも、**自分のための十分な飲食物を確保しておきましょう**。ローリングストック、保存の利く食べものを普段から備蓄しておきます。自分を大切にするというのは、とても大切なことなのです。また、**ミルクを試すことで、母乳の出に影響したり、乳房トラブルを起こしたりするリスクがあり、アレルギーを起こす可能性も**あります。とくに産後数カ月、頻繁に授乳をすることで母乳分泌を確立していく時期に、ミルクを使うと授乳回数が減ったり、赤ちゃんが哺乳瓶のほうを好んで上手に母乳を飲めなくなったりすることがあります。

■コロナ禍の母乳育児について

奥村：コロナ陽性になったら授乳はやめたほうが良いのでしょうか？

本郷：新型コロナ感染症が流行している現在は、いわば、災害時でもあります。WHOを初め、先進諸国の専門学会は、**コロナ禍でも母乳を続けることを推奨しています**。日本小児科学会も「母乳の利点を考えれば母乳をやめておいたほうが良いということはありません」と言っています。

母乳は多くの感染症から赤ちゃんを守るので、赤ちゃんが病院にかかることが少なくなり、医療体制を圧迫することも少なくなります。現在のところ、母乳からコロナウイルスが発見された例はあっても、それが感染する生きたウイルスではなく、搾乳の際などに汚染した可能性が考えられ、**母乳を介して感染するというリスクは少ない**と考えられています。もちろん、飛沫感染のリスクはあります。母乳であれ、ミルクであれ、授乳する時はよく手を洗い、マスクをすることは大切です。**母乳中には、新型コロナと闘う抗体がある**ことがいくつかの研究で報告され始めています。

■母乳をあげている方へのアドバイス

本郷：**災害が起きても普段と違うことはできない。普段から外で授乳をすることに慣れておく**と良いでしょう。災害時、授乳室などがあるとは限らないので、たとえばストールなどを使って授乳するのに慣れておく。吸いつかせる時だけ、他の人から見えないようにしたり、お父さんが前に立ったり。その他「まわりに気づかれず授乳するコツ」も参考にしてください（下のＱＲコードからＹｏｕｔｕｂｅの動画が見られます）。

そして、平常時も災害時も自分が相談して、それを聞いて、受け止めてもらい、適切な情報を提供してくれるところが必要です。地域の中にもお母さんたちのサークルや母乳育児のサークルがあると思いますので、普段からそういうところにつながっておいて、心配なことがあったら話を聞いてもらう。私たちの**「母と子の育児支援ネットワーク」のメンバーのラ・レーチェ・リーグ日本でもＬＩＮＥ相談**をやっています。心の安心としての人とのつながりも一つです。（ＬＩＮＥ登録ＱＲコードは１４１ページに掲載）

（動画）まわりに気づかれずに授乳するコツ

◎母乳育児のまとめ

「災害が起きても普段と違うことはできない」

・母乳は止まらないと自信を持つ
・普段から外で授乳することに慣れておく
・普段から相談できる環境を作る
・自分の食べるものを日常備蓄

ミルクをあげている方、混合栄養の方に向けて

■粉ミルクの備え

奥村：ミルクを使われている方たちの一番の不安というのは、災害時にミルクが手に入るかどうかです。どんな備えが必要ですか？

本郷：普段から粉ミルクを使っている人は、普段通りの授乳回数ができるように、**できれば1週間分の粉ミルクと水を自宅に備蓄しておく**と安心です。母乳もミルクも両方飲ませているという場合でも、母乳は飲ませている限り作られますので、たとえば、1日3回で合計300ccミルクをあげている、という場合であれば、その目安で備蓄を計算します。

清潔な容器で飲ませる必要があるので、**回数分の使い捨て哺乳瓶、もしくは紙コップ**があると良いでしょう。使い捨て哺乳瓶は再利用はできません。調乳用のお湯を沸かす**卓上コンロ、カセットボンベ（1日1本×日数分）**、調乳の際に使う**割りばし**も個別包装されたものが清潔です。

■紙コップ調乳、粉ミルクの注意点

本郷：紙コップを使って調乳する時は①沸かしたお湯は熱いので紙コップを二重にして注ぎ②割りばしでかき混ぜてミルクを溶き③コップを一重にして授乳します。調乳する時は粉ミルクを**殺菌するために70℃を下回らない**ようにします。基本的に1リットルの水の場合、沸騰させて火からおろし30分以内なら70℃以上を保てるとされています（寒冷地などは別）。

「どうする？　災害時の赤ちゃんの栄養」
comic by エムラヤスコ
あんどう りす・本郷寛子発行より許可を得て一部紹介

気をつけなければいけないのは、粉ミルクの中にいる菌、サカザキ菌などは人肌くらいに温めることで、余計に増殖する危険性があるということ。非常時で70℃以上の調乳ができない場合は、緊急手段としてペットボトルの水のままで調乳して飲ませたほうがまだリスクが軽減できます。**水で調乳したものを使い捨てカイロなどで温めるのは厳禁**です。菌が繁殖しやすいので、**飲み残しは捨ててください。**

■災害時の消毒方法の注意点、コップ授乳

本郷：災害時には哺乳瓶の人工乳首を清潔に洗浄するのはかなり大変です。次亜塩素酸ナトリウムの消毒剤も、入れる前に**哺乳瓶とその乳首をきれいに洗浄してから使用しないと十分な消毒効果がありません**。液体ミルクに人工乳首をつけるアタッチメントもありますが、災害時に菌が繁殖しないように毎回洗浄し消毒するのは難しいかもしれません。

普段、ミルクをあげる時に、**コップでの授乳を練習しておく**と良いです。赤ちゃんが縦になるように抱っこして、コップを唇にあてて唇が濡れるくらいの角度まで、そっとコップを傾けます。この時、流し込まないようにし、その位置でキープすると、赤ちゃんのほうから少しずつ飲みます。コップ授乳は生まれたばかりの赤ちゃんや、早産などで小さく生まれた赤ちゃんでも使える方法です（次ページのチラシ参照）。

コップで授乳

哺乳びんでなくても飲めるの？
その方法を知りたいお母さん・ご家族へ

コップで授乳？

生まれてまもない赤ちゃんも含め月齢に関係なく、哺乳びんを使わずに乳汁（しぼった母乳や乳児用ミルク）を飲むことができます。災害時には使い捨ての紙コップが便利です。

困ったときに

✿授乳についての情報
https://llljapan.org/index.html

✿相談窓口
https://llljapan.org/tel.html

（NPO法人ラ・レーチェ・リーグ日本）

0　赤ちゃんが目覚めていること

赤ちゃんがはっきり目覚めている必要があります。泣いているときはまず抱っこしてあやし、泣きやんだらスタート。

1　赤ちゃんを縦にだっこ

イラストのようにひざの上で赤ちゃんの体を起こして座らせ、赤ちゃんのあごが胸にうまった状態にならないように、赤ちゃんの背中と首を支えます。うまれて１か月くらいまでの赤ちゃんは布でしっかり包んで腕が出ないようにしたほうが飲ませやすいでしょう。

2　コップを赤ちゃんの下唇に

しぼった母乳か乳児用ミルクの入ったコップを赤ちゃんの下唇（くちびる）にそっとあてます。唇にコップが当たると赤ちゃんは口と目を開けるようになります。大人が飲むときもそうですが、下唇と左右の口角（口の両わき）がコップのふちにふれるようにします。それから静かにゆっくりとコップをかたむけると赤ちゃんは自分から口を動かして唇や舌で液体にふれようとします。

3　ゆっくりと赤ちゃんのペースで

この時あわててコップを深く傾けないようにしましょう。
コップを赤ちゃんの唇にそえるだけで、あとは赤ちゃん自身が飲むようにしましょう。
自分ですすったり、吸うように飲んだり、あるいは舌を使ったりして飲みます。
途中に休みを入れることもあります。赤ちゃんのペースにまかせます。
お腹がいっぱいになると口を閉ざし、それ以上飲もうとしなくなります。

母と子の育児支援ネットワーク　「災害時の母と子の育児支援 共同特別委員会」　https://i-hahatoko.net/

2020年4月

NPO法人ラ・レーチェ・リーグ日本　https://llljapan.org/
母乳育児支援ネットワーク　https://bonyuikuji.net/
NPO法人日本ラクテーション・コンサルタント協会　https://jalc-net.jp/

イラスト：Tomo Miura
デザイン：Sannomiya, Rieko

（出典）母と子の育児支援ネットワーク
https://i-hahatoko.net/wp-concent/uploads/2020/04/cupfeeding.pdf

■液体ミルクの注意点

奥村：液体ミルクも備蓄しておいたほうが良いですか？

本郷：すでに**液体ミルクも日常的に使われている場合**は備蓄すると良いかもしれませんね。発災後数日間分の備蓄をしておけば、水と電気・ガスがなくても、**清潔な容器に移せば、温めずにそのまま飲ませられる**という利点があります。**夏場など置き場が高温にならないように気を付けます**。また、母乳と違い、冷凍保存はできません。必ず賞味期限は守りましょう。

液体ミルクを使用するご家族の方へ向けたリーフレットを作りましたのでご覧ください。（下QRコードからアクセス）

液体ミルクは基本的に、**常温でそのまま温めなくて飲ませても平気**ですが、温めたい場合、メーカーの説明には「必ず容器に移してから湯煎にかけてください」「殺菌されているので、使い捨てのカイロを使って温めても大丈夫」とも書いてあります。

普段は粉ミルクだけれど、念のために液体ミルクも用意したいと思われる方は、1回購入すれば、半年から1年ほど常温保存できますので、賞味期限が近づいて、すでに赤ちゃんが生後半年以上になっていたら、離乳食の食材に使っても良いかもしれません。

液体ミルクを災害時に安心して使うためのチェックリスト

■災害に備えて

（1）ママバッグに入れておいたほうが良いもの

奥村：普段、お出かけする時にママバッグに入れる物の目安はありますか？

本郷：赤ちゃんの月齢、ミルクの授乳回数などによります。**可能なら3日分の個別包装の粉ミルクと簡単に洗浄できる小さなコップ**があると安心かもしれませんね。

（2）非常持ち出し袋

奥村：非常持ち出し袋はいかがでしょう？

本郷：お湯がもらえる可能性は高いと仮定した場合は、**紙コップ、割りばし、粉ミルクが3日分あれば安心**です（液体ミルク3日分は重過ぎますので）。台風・水害などはあらかじめ被害の想定がわかっているので、**早めに安全な土地に移動**しておけば、そこの場所で購入できますし、車で移動できる場合は、3日分の液体ミルクや授乳回数分の清潔な哺乳瓶（もしくは使い捨て哺乳瓶を3日分）を積み込んでおくと安心です。なお、**液体ミルク**は高温での保存は厳禁ですので、そのまま日の当たる車に放置することはできません。とくに**夏場などは、クーラーボックスに入れて運搬しましょう。**

南海トラフ地震などの大規模災害が想定できる場合は、万が一を考えて**水とお湯を沸かせる道具**があったほうが安心かもしれません。ただし通常の避難所、避難場所では、火器は使えないことが多いので、70℃以上に加熱できる発熱剤なら使用許可される場合、購入しておくのも良いです。

■避難先で

奥村：避難先でミルクをもらえなかった場合は、どう対処したら良いでしょうか?

本郷：避難先でミルクがもらえるかどうかは、災害の種類や、その自治体や発災時の状況、時間経過によっても違います。想定外が起こるのが災害時なので、**自治体の備蓄だけに頼らず自宅に1週間分はいつも余分に用意**しておいたほうが良いでしょう。手元のミルクがなくなる前に、**ミルクが手に入る他県まで広域避難**をするのが良い場合もあります。

道路が寸断されて孤立した場合は、助けが来るまで、あるもので代用していくしかありません。ほかのママからの**もらい乳**（直接授乳でも、しぼった母乳をコップで授乳でも）、新鮮な市販の牛乳が手に入るのでしたら沸騰させて薄めて砂糖を加える（**100ミリリットルの煮沸した牛乳に50ミリリットルの水と小さじ2杯の砂糖**）なども考慮します。でも、これはあくまでも非常事態の場合の最後の手段です。日本新生児成育医学会のパンフレットでは、何もない場合の緊急手段として、「湯冷ましと砂糖があれば、一時しのぎできます。コップ1杯（約200ミリリットル）の湯冷ましに砂糖大さじ1杯を溶かして飲ませてあげましょう。重湯（おかゆの上澄み）もよいです。母乳を吸わせてあげると、赤ちゃんもママも気持ちが少し落ち着くでしょう（母乳がまた出てくることもあります）。6カ月過ぎの赤ちゃんなら、ごはんやバナナをつぶしてお湯で伸ばすなど離乳食で補ってもOKです（赤ちゃんせんべいをお湯で溶いても大丈夫）」と書かれています。詳しくは、被災地の避難

所等で生活する赤ちゃんのためのQ＆A（日本新生児成育医学会 災害対策委員会版）を。（下QRコードからサイト参照）

生後6カ月未満の赤ちゃんの**母乳の代用品として適切なのは、あくまでも乳児用ミルク**です。日ごろから1週間分は多めに購入しておいて、少なくなったら買い足すようにしておきます。自家用車を持っている場合は、ガソリンを満タンにしておき、広域避難に備えることも考えておくと良いかもしれません。

被災地の避難所等で生活をする赤ちゃんのためのQ&A

◎ミルク育児のまとめ

「自治体の備蓄に頼らず備えておこう」

・1週間分の粉ミルクと水を自宅に備蓄
・カセットコンロと1週間分のボンベ（ミルク用に1本／日）
・紙コップ授乳に慣れておく（1週間分の紙コップと割りばしも備蓄）
・普段のママバッグに3日分の粉ミルクとコップを入れておく

※液体ミルクの場合
・1週間分の液体ミルクを備蓄
・紙コップ授乳に慣れておく（1週間分の紙コップも備蓄）

■災害時の離乳食について

奥村：災害時の離乳食の考え方、備蓄についても教えてください。

本郷：**生後半年以降の赤ちゃんは、母乳やミルク以外のものを食べる準備ができています。**野菜は食中毒などを起こさないように、**必ず火を通します。**普段から、大人が食べるみそ汁やシチューなどから、やわらかいものを取り分けて与えていれば、災害時もそれと同じことをすれば良いのです。

かつては、動物性タンパク質は後から、と言われていましたが、今は国際的にも、**早くから動物性のものを食べても大丈夫**と言われています。物凄くアレルギーがある方は別ですが、**卵、乳製品など、割と早くから食べさせていたほうがアレルギーになりにくい**という研究があるので、大人が安全な食べ物をいつも食べていて、それを一緒に食べるというのが一つです。

市販のベビーフードは温めずにそのまま使えますが、食べ残しは細菌が増えるので、他の人が食べてしまうと良いです。鉄分が不足しないように、栄養豊富な食品、もしくは栄養強化された食品を、2歳未満の子や妊娠・授乳中の女性のいる家庭に配布することが国際的な手引きの中では提案されています。塩分の少ない**水煮の缶詰、海苔、きな粉、鰹節**なども、普段から離乳食に使えますので、余分に備蓄して使っていくと便利かもしれません。

アレルギー食について

奥村：アレルギーのお子さんがいるお母さんも心配事は大きいと思います。

本郷：実は私も子どもも、ひどいアレルギーがあり、自分のこととしても以前から気になっていました。アレルギーの子を持つ親としては、**普段から、その子が何が食べられない、食べられるということを他の人に伝えていく**ことをやっていると思うんですね。私自身もそうだったので。

アレルギーのお子さんのお母さんは、そのお子さんのエキスパートです。▼食品の原材料を確認したり、▼親の許可なく食べ物を与えないように周囲の人に注意喚起（お願い）をしておいたり、というのは、普段からしていることかもしれません。▼**非常食も子どもの食べられるものを多めに買い、ローリングストック方式で食べながらの備蓄**をしていきます。▼災害前から事前に町会の人たちとコミュニケーションをよくとっておき、▼**炊き出しをする場合、何を使ったかを全部書き出してもらいます**。▼ルーや出汁《だし》も含め、何か加工品を使う場合は、原材料が書いてある袋や箱をそのまま貼り付けてもらいます。**一番アレルギーの重い子どもに合わせた献立を作れば皆が食べられますので、アレルギーの子を持つパパとママが率先して献立を考えるリーダーになるといいかもしれません**。もしくは▼先にアレルゲン抜きの物を作り、取り分けてから、アレルゲンになる可能性のあるものを後から入れてもらうなど、よく話し合いましょう。▼何が食べられないと伝えるだけではなく、**何なら食べられるのか**、たとえば、茹《ゆ》でただけの野菜や肉などの素材が良いなど、具体的に伝える必要があります。

日本小児臨床アレルギー学会では、アレルギー疾患の子どものための「災害の備え」パンフレットが出ています。▼災害時には「食物アレルギーがあることを他者に知らせる」ための表示カードやビブズ（ゼッケン）などを利用するのも良いです。アレルギー対策については、ネットワークがあり、災害対策の学習会も実施されているので、つながってみてください。

アレルギー疾患のこどものための「災害の備え」

保育園、幼稚園との連絡体制

奥村：乳幼児期というのは幼稚園や保育園に子どもを預けていて、そこで災害が起こることもあると思うので、そういう預け先とも災害対応を話し合っておくことが大事ですね。

本郷：保育園に対し、**災害が起きて保護者が迎えに行かれない場合の対応や園の避難方針、保護者の連絡体制などをしっかり確認**しておきます。授乳方法の希望など、ご家庭によって違うと思うので、保育園・幼稚園の先生とよく話し合って理解していただくことが必要になってくると思います。

■本郷さんからのメッセージ

本郷：乳幼児のための防災というと、ミルクなどの「もの」に注目が集まりがちですが、**大切なのは「もの」ではなく「人」、とくにお子さんにとっては、ママとパパです。**母乳を飲ませている場合は、できるだけ多く飲ませ続けることで、ママと赤ちゃんの心も安定します。ミルクは、母乳を飲んでいない赤ちゃんにとって、非常に大切な製品です。災害が起きても安心して飲ませられるように、とくに衛生面に気を付ける必要があります。それができるのは、ミルクという「もの」ではなく、やはり「人」である親です。

母乳、ミルクが大変なのではなく、大変なのは育児そのものです。いくら子どもがかわいくても、ストレスがたまることもあるでしょう。そういう時に、深呼吸、お互いの肩や背中のマッサージ、思ったことを伝え合うこと、褒《ほ》めあうこと、よく笑うこと、といった、**リラックスする方法を知っておくことが、災害時にもリラックスできることにもつながります。**

母乳であっても、ミルクであっても、親からの愛情によって、赤ちゃんはこの困難を乗り切っていきます。普段から、**家の中を安全にしておくこと、パパがおっぱい以外の家事育児はなんでもできるようにしておくこと、困ったことがあれば助けを求めるようにしておくこと**が、大切な防災対策になるでしょう。

ＬＩＮＥで相談できる窓口もあり、切羽詰ってからではなく、少しでも不安に思ったら、その段階で相談してみてください。また、**災害時にLINEで相談に乗っているラ・レーチェ・リーグ日本では、ママの授乳に関する相談に平常時も無料で乗っています。**普段からLINEでお友達になっておくと、困った時や災害時に安心かもしれません。**気楽につながっていただくことが、まさに防災**になっていきます。

■平常時・災害時の乳幼児の栄養・授乳LINE無料相談

赤ちゃんのママはLINEで無料相談できます。

以下のQRコードでLINEの友だちを追加し、「子どもの月齢・地域・相談内容」をお送りください。お母さんからの相談を受けるのは、東日本大震災時にユニセフの「赤ちゃんの栄養ホットライン」を担当したラ・レーチェ・リーグ認定リーダーです。

乳幼児の栄養・授乳
オンライン相談

本郷寛子（ほんごう ひろこ）
米国カリフォルニア州立大学ロングビーチ校大学院卒（ソーシャルワーク修士カウンセラー）［専門分野：子どもと子どものいる家族］東京大学大学院医学系研究科国際保健学専攻博士課程修了（保健学博士）［専門分野：地域保健・母子保健］1995年に日本人初の国際認定ラクテーション・コンサルタント（IBCLC）に認定。母と子の育児支援ネットワーク（災害時の母と子の育児支援　共同特別員会）代表。IFE Core Group メンバー。著書に『母乳と環境』（岩波書店）、共著『お母さんも支援者も自信がつく母乳育児支援コミュニケーション術』（南山堂）、共訳書に『母乳育児のポリティクス：おっぱいとビジネスとの不都合な関係』（メディカ出版）、IFE Core Group (2017) Operational Guidance on Infant Feeding in Emergencies (OG-IFE) version 3.0（『災害時における乳幼児の栄養：災害救援スタッフと管理者のための活動の手引き第3版』）など。

専門家インタビュー

◉……福祉防災コミュニティ協会　代表理事　**鍵屋 一**

障がい児のご家族へ

「障がい児を災害から守るためにできること」

福祉防災コミュニティ協会の代表理事で、国の防災関連の委員も歴任されている鍵屋一先生に、障がいのあるお子さんをお持ちのパパ・ママ向けの防災対策を伺いました。インタビューの内容は動画でも視聴することができます（ＱＲコードからアクセスしてください）。

読者限定HP

■**東日本大震災、西日本豪雨での実情は？**

奥村：東日本大震災では多くの障がいのあるお子さん、障がいのある方が犠牲になりました。

鍵屋：**津波の被災地では、障がいのない方に比べ、２倍の死亡率**だったというデータがあります。お父さんやお母さんは働きに出ている時間帯だったので、障がいのあるお子さんと、おじいちゃん、おばあちゃんが残っていて、一緒に亡くなってしまうという事例もありました。

奥村：そして、命が助かった後も、障がいのある方はかなり厳しい生活を強いられたと伺いました。

鍵屋：そうですね。特別支援学校に通うお子さんとお母さんが、どこに避難していいか分からなくて「学校に行けば何とかなるだろう」と、車で避難したんです。ところが、学校が閉まっていて、ずっと誰も通らなくて、1週間。車の中で、ひもじくて死ぬかと思った時に、ボランティアの方が声をかけてくれて、ようやく食べ物を得られたと。心配して声をかけてくれる方が周りにいないと、本当に辛く厳しいことだと思いました。

また、別の方ですが、避難所の支援学校の体育館で、みんなで暮らしていたけれど、障がいのあるお子さんには厳しい。別の安心できる福祉避難所に入りたいと申し出ても、当時、「福祉避難所の数が十分ではない、家族と一緒だから、ちょっと我慢してくださ

い」と言われて、辛い思いをしたという声も聞いています。

災害になったら、**自分たちはどこに行くかを事前に考えておかないといけないですし、何を持っていくのか、行った先でどういった生活をするのかも考える必要がある**と思います。地震は日本全国どこでも起こり得ます。自分の家にいられなくなることは起こり得る話です。

奥村：とくに東日本大震災では原発事故もあり、福島の方を中心に長期間にわたって避難所を転々とされた方もいらっしゃいました。

鍵屋：今も4万3000人ほどが避難生活を続けていらっしゃるので、東日本大震災は終わっていないと思います。私が伺った中では、全町避難した福島県富岡町の特別支援学校では、人数も多いので、10カ所に分かれて分散避難し、4、5年経ってようやく学校ができて集まって来始めた。友達、先生とまでも離れ離れになって避難生活を送られていたということでした。

奥村：今まで通りにできないという状況が続くのは子どもたちにとって大きな負担ですよね。

鍵屋：最初は状況が悪いということを分かっていて、子どもたちは「いい子」にする。だけどそれが実はものすごい負担になっていて、いつもだったら声出したり、ワーワー言いながら、それなりに折り合いをつけてやっていけたのが、ずっと「いい子」にしてるものですから、限界を超えた時に自傷他害というんですかね、自分をかきむしったり、ドンドンと壁にぶつかったり様々な行動を取ってしまうお子さんもいますね。

奥村：保護者の方たちの負担も大きかったと思うんですけど。

鍵屋：はい。保護者の方が厳しいんですよね。スーパーがようやく開いたというので、子どもの手を引っ張って、2時間近く並んでたそうです。ようやく、あと少しというところで、お子さんが発作を起こされて、泣く泣く帰ったという方もいました。

弁当を配るにしても何にしても、並んだもの順というのがありますから、障がいのあるお子さんを抱えていると、どうしても並ぶのが遅くなる、長く待つ、お子さんが発作を起こされる、というような形ですごく厳しい状況に陥ってしまいますね。

障がいのある方のご家庭では、他人《ひと》に助けを求めることをあまりしていないんですね。自分たちだけで頑張ろうと。それで日常生活を何とか送ってきたと。障がいがあるからいろんな人と支えあいながら生きていくんだ、というよりも、自分たちで何とかしたい、という思いがあって、自分たちだけが頑張ればいいんだと。だから、災害時になると「助けて下さい」「困っているんです」とすっと言えない。こういうことが、さらに困難さを増していくような気がしますね。**障がいがあるということが、全然マイナスにならないような、地域の人と一緒に生きていける社会を平時から作っていかなければならない**、と改めて思いますね。

■教訓を活かすためには？　近所とのつながり

奥村：東日本大震災以降、災害が起きていますが、どんな教訓を活かしていくべきでしょうか？

逃げることを誰が支援したのか?

順位	人数	支援者
第1位	85人	家族・同居者
第2位	60人	近所、友人
第3位	53人	福祉関係者
第4位	11人	消防・消防団

▼

近所、友人と福祉関係者の支援力が強い!

（出所）内閣府「避難に関する総合的対策の推進に関する実態調査結果報告書」［東日本大震災時、315人、複数回答あり］2013年

鍵屋：東日本大震災で、障がいのある人と高齢者、自分一人で逃げられない人へのアンケート結果があります。**誰が一緒に逃げてくれたかというと、もちろん家族が1位**なんですが、**ほとんど変わらずに近所と福祉の関係者**なんです。障がいのある人が、もし近所の人とつながっていないと、助けられるのは福祉の支援者しかいないんですね。福祉の支援者というのは、日常では順番に回って来てくれますが、支援する人を何十人も担当しています。また、住んでいるところもちょっと離れていることも多いと思います。助けたいと思っても、すぐには来られないんですよね。**一緒に避難してくださるのはやはり近所の方が一番いい**わけです。ご近所さんとつながっておくというのは大事なんですが、実際は切れてしまっている。そこに避難の難しさや避難生活の困難さというのが出てくるんだろうと思いますね。

■福祉避難所の実態は？

奥村：福祉避難所の存在も、この10年間で見直されつつあると思いますが、鍵屋先生と一緒に熊本

地震の被災地で、福祉避難所として利用されている施設を取材し、十分な状態ではないなという印象を受けました。

鍵屋：そうですね。福祉避難所と指定されていても、そのためのマニュアル・計画・訓練、あるいは備蓄・物資、何人来たらここまでやるということが見積もられていないという状況で、**十分に機能しなかったことが熊本地震の大きな反省**だと思います。その後も、福祉避難所を公表すると、大勢の人が来てしまうんじゃないかと公表しないという事例も相次いでいるんですね。**障がいのある方が本当に行き先が分からないという状況**になります。自分で普段から関心をもって聞いていれば別ですけど、「災害になった。何か安全な場所はないのかしら」と思っても結局わからないということになってしまいます。

熊本地震の例ですが、特別支援学校に行っていたお子さんの避難先は65%は車中泊なんですね。それも1日、2日ではなく、何カ月もです。一般の避難所に行ける人というのは、身体の障がいはあるけれども地域の人ともやっていける人で、知的障がい、自閉症など様々な発達の障がいがあったりして、**人が大勢いるところでは安定しないという方は行き先がない**。そういう方々が安心して行ける場所を作るというのが、私は社会の責任だと思うんです。

■特別支援学校を指定避難所、福祉避難所に

奥村：自閉症の方へのアンケート結果でも、「普通の避難所生活は難しい」という回答が多く、支

指定避難所として指定している施設の種類

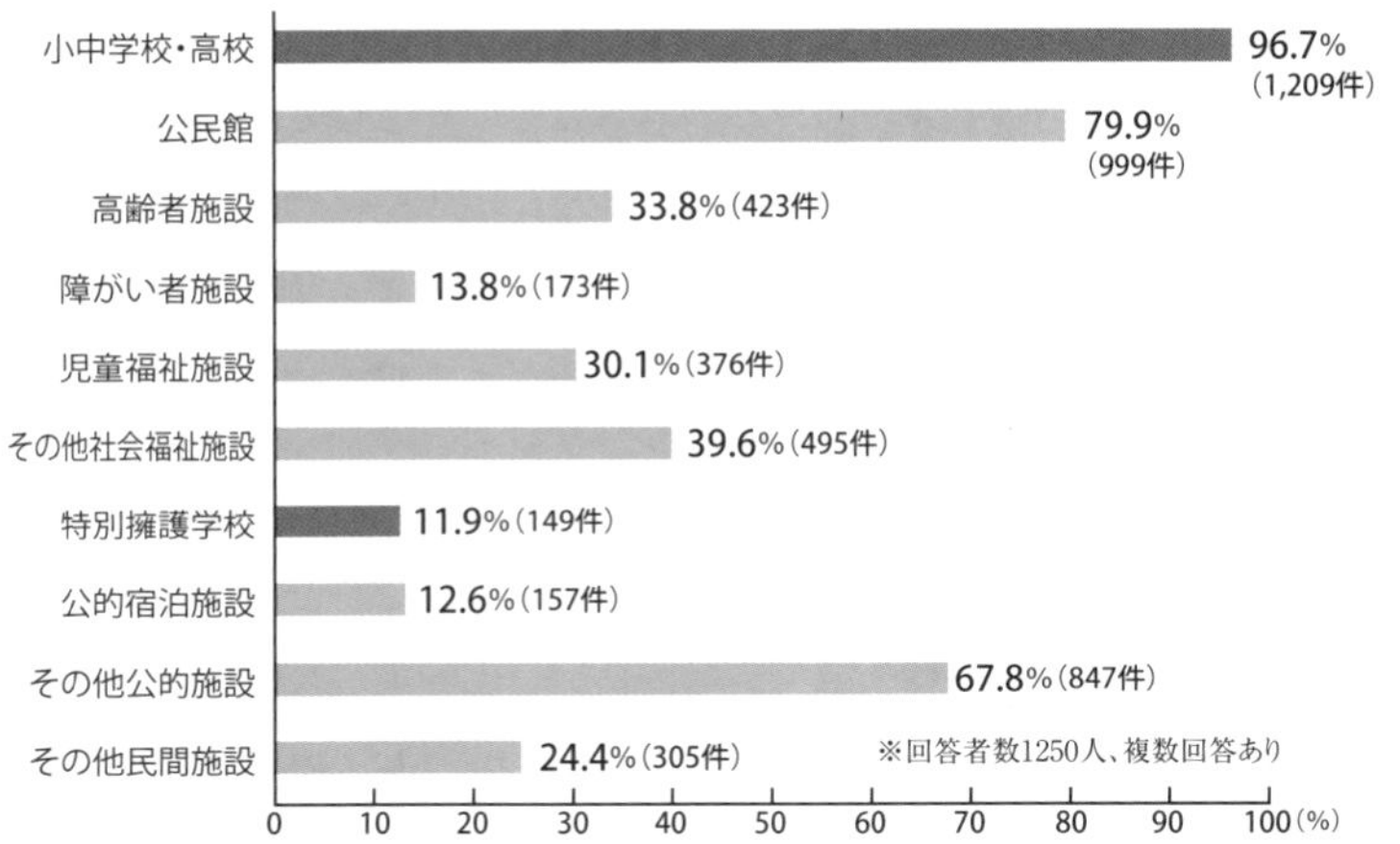

（出所）「指定避難所等における良好な生活環境を確保するための推進策検討調査報告書 平成30年8月 内閣府（防災担当）」より抜粋して作成

援学校など普段利用しているところを避難所として利用できるようにしてほしいという声も多くあります。

鍵屋：そうですね。特別支援学校を指定避難所、あるいは福祉避難所にしている市町村は約12％なんですね。**88％の市町村にいる障がい児は、住んでいる市町村に「行き先がない」**という状況になるわけです。今、高齢者や障がい者が、いかに安全に避難生活を送れるかということを国の検討会でやっていて、その中でも、特別支援学校については障がい児に特化した、障がい児だけが入れる避難所として検討しています。普段から通っている、あるいは卒業した、だからそこに行くと落ち着いて安心だ、お友達もいるし、保護者同士もＰＴＡで知り合っていて、お互いに支えあえると。そういった環境の特別支援学校を、まず障がい児が安心して使えるようにするという方向性で検討しています。できれば事前にマッチングをして、人数を予測し、それに合わせて備蓄物資や計画を作って訓練をすることができるようになる、そういう方向で検討を進めているところです。

奥村：いち早く整備されることを願いたいですが、そもそもなぜ特別支援学校が避難所として指定されていないのでしょうか？

鍵屋：やはり**「縦割り」**なんですね。特別支援学校は教育委員会、おおむね県立です。避難所を指定するのは市町村の防災の部局です。防災の部局が県の教育委員会に話をしなければいけない。それだけでハードルが高い。さらに指定してしまうと、そこに備蓄物資を置いたり、訓練に行ったりと、市町村にとって負担が重い。実際に特別支援学校を避難所にするほどの災害というのは、数が少ないんですね。大災害ではない場合は、一晩二晩で終わってしまうことがほとんどですから。小中学校に来てもらう、本当に苦しい人は車中泊、一晩だから我慢してというような形で、今まで乗り越えてきたのですが、今後はそうもいかなくなった。

その一つの理由がコロナですね。政府も今年からホテルや旅館を借り上げて、できるだけ分散して少人数でクラスターにならないようにした。学校も今までは体育館を使用していましたが、教室を使ってもらう。なるべく分散してもらう。そう考えると、障がい児の避難先に特別支援学校があるのはぴったりなんですね。安心して行ける場所、しかも、特別支援学校は比較的広いので、少人数で教室を使って避難ができるというのは、安心な環境作りになると思いますね。

奥村：一般の避難所も難民のキャンプ以下と言われていたなかで、コロナで改善の方向に進むのではないかと思いますが、福祉避難所も整備が進むと期待をもっていいですか？

鍵屋：はい。そうしなければいけないですね。ピンチをチャンスに変えられるかどうかは市町村、都道府県、国も含めて行政の踏ん張りどころですね。国民も協力して、弱い人こそ守られる、そういう社会を作っていく気概が大事だなと。

■**パパ・ママの備えは？**

奥村：障がいのあるお子さんがいるパパさん、ママさんたちは、どのような備えをしていったらいいでしょうか？

鍵屋：はい。いろいろインターネットを見ればあるんですけど、私は、まず自分たちでゼロから考えることが大事だと思っています。そのために、お勧めしているのは**朝起きてから一日の行動を全て書き出してみる**。自分、旦那さん、あるいは子どもたち、全部書き出してみて、**災害時の停電、断水、通信ができなければ、それがどれくらい困るのか**。たとえば、朝起きて歯を磨く、水が出ない、水を備蓄するしかない。トイレに行く、流せない。簡易トイレ。あるいはテレビがつかない、スマートフォンを見よう。バッテリーを充電しておかなきゃ、場合によっては発電機持っておかなきゃ……。**我慢できないものを全部リストアップして、備蓄で対応する**。家にいたらまず安全だね、という状況を作り上げる。そのうえで、家も出なければいけないという時に何を持っていくか。とくに障がいを持ったお子さんのことを思うと、たとえばお気に入りのグッズがあれば、ちょっと落ち着けるねとか。テレビやゲームで遊ぶお子さんも多いですから、電池がなかったら困るよね。そういうことを考えながら、みんながとりあえず過ごせる状況を1から考える。**まず自分の頭で考えるのが先、それからネットで知識を仕入れると大丈夫**だと思います。

どうしても家から出なければいけない時に、どこへどうやって避難するか。**ぜひ、市町村職員に「障がいのある子どもがいるのですが、どこへ避難できるだろうか」と聞いて**いただけると、道が見えてくるんじゃないかなと思います。

奥村：自分で調べるなど行動をしていかないと、自分のベストの場所は見つからないですかね。

鍵屋：そうですね。**自分で考える、自分で動く。誰かが何とかしてくれる、じゃないんです**。できる人は頑張る、本当にできないという人をみんなで支える、でしょうかね。

奥村：とくに医療ケアが必要なお子さんをお持ちの方は、より備えが重要ですね。

鍵屋：はい。おそらく医療的ケアが必要な方々は、十分に考えられていると思いますし、お医者さんも医療器具のメーカーさんも保健所も、いろんな形でバックアップしてくれると思いますが、災害時、いつものように支援が来るわけではない。しばらくの間、自分たちだけで辛抱しなければいけないかもしれないですね。その間、**しっかり生き残れる対策を、より強固に考えておく必要があ**

ると思うんですよね。

奥村：コロナの対策でアルコールが品薄、入手できなくなって、アルコール消毒できないと医療器具が使えないご家庭もあったりで、やはり備蓄が大事だと感じました。

鍵屋：そうですね。いつでも買いに行けばあると思っていますが、災害時は途切れてしまいますから、災害時に急に必要になっても買えない。絶対になきゃいけないものは備蓄しなければいけない。たとえば、お薬、医療器具に必要なバッテリー、電池の用意ですね。

日本は、これから国難といわれる大災害がやってきます。首都直下地震と南海トラフの巨大地震、この2つは間違いなくやってくる。火山活動も活発化しています。他にも大きな地震、気象災害、十分に考えられると。その時に障がいのあるお子さんを抱えて、お母さんやお父さんたちがどうやって行動をすればいいのか。**「本当に大変になりますよ。覚悟はありますか。守り切れますか」**と。先ほどの特別支援学校の前で1週間も車の中で過ごした方、あるいは津波のがれきの中を、薬を求めていろんなところを走り回った方、様々な被災地の現状を見ていると、私としてはしっかりと備えなければいけないと伝えたいです。

それから、PTAの皆さん方が強力な仲間なんですね。PTAの皆さん同士がつながって、「困ってることある?」「大丈夫?」と。それが支えだったと。**普段から仲間を作っておいて、本当に来る巨大災害に備えられるようにしておきたい。地域の人と仲良くなっておくことが大事だと**

改めて思います。

■「なまはげ」が防災？

奥村：先生はいつも「なまはげ」のお話をされますが、昔から地域にあるお祭り、伝統に携わることも防災の一つになっていくということですね。

鍵屋：面白いことに、内閣府の調査で、防災意識の高いところを調べたら、**お祭りが盛んなところなんです**。不思議ですね。「祭りだ、それやるぞ！　このために俺は働いてきたんだ」みたいなのは、「災害だから助け合おうぜ」って感じになるんでしょうね。

「なまはげ」の話ですけど、私は秋田県男鹿市、「なまはげ」の本場出身です。大晦日の夜に、子どものいる家にやってきて、「泣く子はいねぇか」「親の言うことを聞かねぇ悪い子はいねぇか」と2匹で20件くらい回って歩くんです。家の中に入ると「じいさん、だいぶ年取ってきたな」とか、「この子は障がいがあるから大変だ

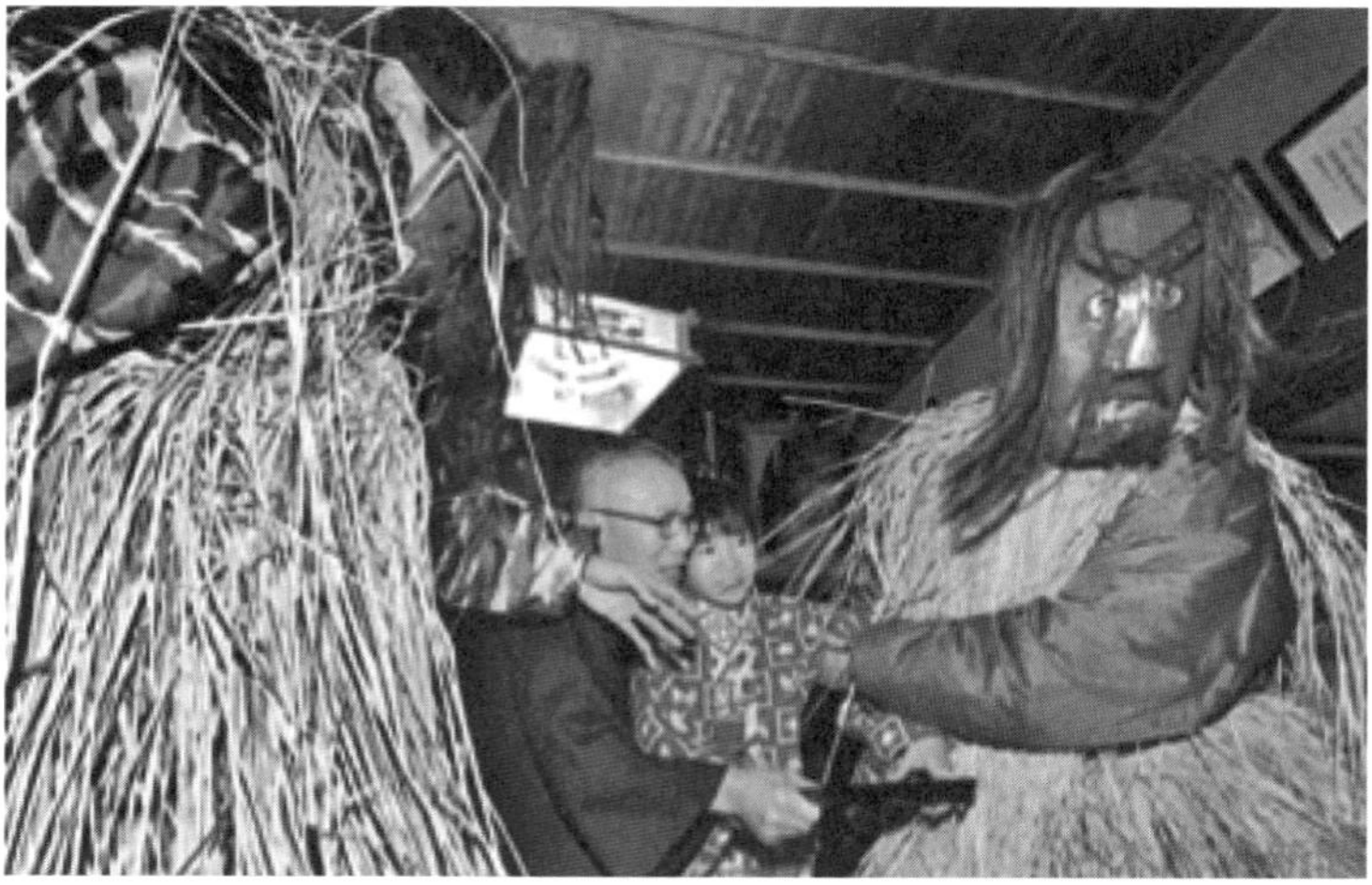

な」とか、一人で逃げられない人がいることがわかってくるわけです。「なまはげ」は、村の模範的な若い衆がやっていて、男鹿の場合だと、消防団にも入っています。災害の時は、その消防団が助けに来るということです。そして、逃げる先が神社になっていて「なまはげ」が参道を綺麗に整備する。これが避難路になるわけです。

「なまはげ」という行事で、子どもを戒めに行って、盛り上げるんですけど、災害になったら、支援者となって、自分一人で逃げられない人を避難路を使って避難場所まで逃がす。地域防災のど真ん中を「なまはげ」はやってるんですね。

奥村：地域の祭りがあったら積極的に関わりたいですね。

鍵屋：そうですね。近くの地域の人が助けてくれるということを心にとめておきたいですね。

■障がいのあるお子さんに伝えたいこと

奥村：障がいのあるお子さん自身には、どのようなことを伝えればいいですか？　年齢によっても障がいの度合いによっても、その子ができることは変わってくるとは思いますが。

鍵屋：子どもだから何もできないというのは全然違って、たとえば、揺れが来て、すぐに机の下に潜るのは実はお子さんなんですね。大人は判断力が低下して混乱する。**子どものほうが素直に自分の身を守る行動が取れます**。障がいのあるお子さんにも**その時、その子にできるベスト**、「揺れたら頭に何か持ってくるんだよ」「動けたら机の下に入るんだよ」あるいは、「車イスだったら、ストッパーかけるんだよ」と伝えておくことが必要でしょう。

それから、保護者の責任として、ケガの原因の半分くらいは家具の下敷きになったり、家具が飛んできたりして、ケガしますので、家具がお子さんにぶつからないようにしないといけない。**私は転倒防止というよりも、断捨離をお勧めします**。できるだけなくす。

お布団よりもベッドのほうが、安全度が高いです。寝ている時は無防備ですから、せめて低い家具にするか、家具を止める方法もいろいろありますが、やはり寝室には家具等が無いのが一番ですね。**障がいのあるお子さんがいる場合はとくに**そうしていただきたいです。

■SOSカードとは？

奥村：先生が板橋区の職員をされている時には、「板橋SOSカード」を作られたんですね。

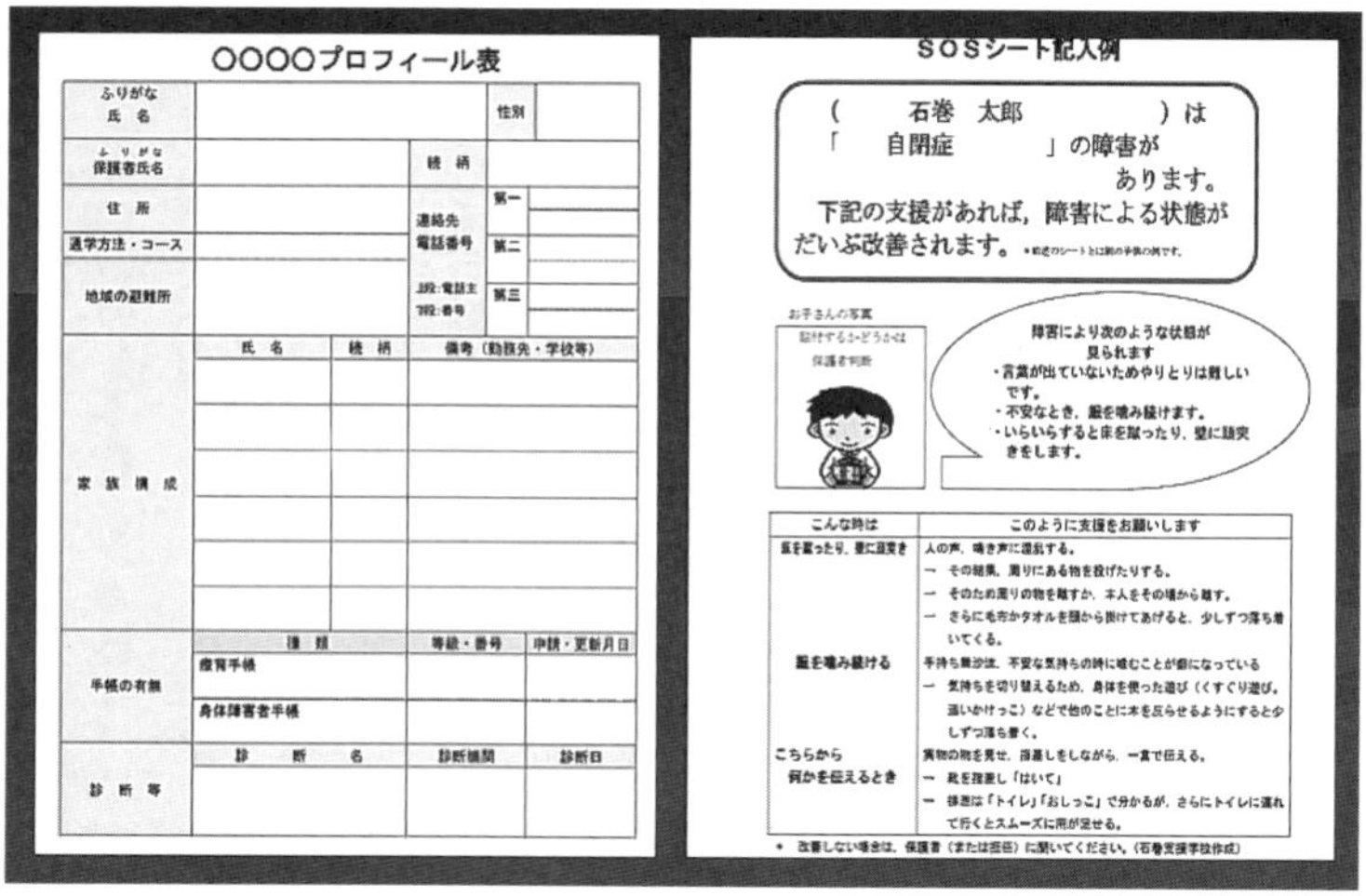

〇〇〇〇プロフィール表

ふりがな 氏　名		性別	
ふりがな 保護者氏名		続　柄	
住　所		連絡先 電話番号 上段:電話主 下段:番号	第一
通学方法・コース			第二
地域の避難所			第三

家族構成	氏　名	続　柄	備考（勤務先・学校等）

手帳の有無	種　類	等級・番号	申請・更新月日
	療育手帳		
	身体障害者手帳		

診断等	診　断　名	診断機関	診断日

SOSシート記入例

（　　石巻　太郎　　　　）は
「　　自閉症　　　　」の障害が
ありります。
下記の支援があれば，障害による状態がだいぶ改善されます。

お子さんの写真
貼付するかどうかは
保護者判断

障害により次のような状態が見られます
・言葉が出ていないためやりとりは難しいです。
・不安なとき，服を噛み続けます。
・いらいらすると床を蹴ったり，壁に頭突きをします。

こんな時は	このように支援をお願いします
床を蹴ったり，壁に頭突き	人の声，鳴き声に混乱する。 ― その結果，周りにある物を投げたりする。 ― そのため周りの物を離すか，本人をその場から離す。 ― さらに毛布かタオルを頭から掛けてあげると，少しずつ落ち着いてくる。
服を噛み続ける	手持ち無沙汰，不安な気持ちの時に噛むことが癖になっている ― 気持ちを切り替えるため，身体を使った遊び（くすぐり遊び，追いかけっこ）などで他のことに木を反らせるようにすると少しずつ落ち着く。
こちらから何かを伝えるとき	実物の物を見せ，指差しをしながら，一言で伝える。 ― 靴を指差し「はいて」 ― 排泄は「トイレ」「おしっこ」で分かるが，さらにトイレに連れて行くとスムーズに用が足せる。

＊　改善しない場合は，保護者（または担任）に聞いてください。（石巻支援学校作成）

SOSシート（石巻支援学校）

鍵屋：特別支援学校のPTAの方々や、手をつなぐ親の会の皆さんと一緒に「SOSカード」を作りました。子どもが一人で通学しているお子さんも結構いらっしゃいます。たとえば、その子が一人で災害にあった時に、そのカードを見せることで、**親御さんはここにいらっしゃる方だ、学校はここなんだ、こういう支援が必要な人なんだと分かる**というカードです。それが先駆けとなって、今では東京都が**「ヘルプカード」**を配布したりと、だいぶ浸透してきました。

奥村：防災だけではなく、日常でも役に立つ場面がありそうですね。

鍵屋：そうですね。病気になった時とか、そのカードがあると、お医者さんもわかりますし、その子の障がいや普段の薬がすぐわかれば、それなりに対応ができますから。

奥村：子どもの大事な情報は、ちゃんと紙に記録して伝えられるようにしておきたいですね。

鍵屋：大阪府立吹田支援学校では、立派な「ＳＯＳファイル」を作っていて、これまでの履歴、病気、障がいのこと、母子手帳の内容、日常生活で爪は一人で切れるのかだとか、一人で下着がはけるのか、自分はどんなに子どものことを思っているかなど、全部書いてある、何十枚にも及ぶＳＯＳファイルを作ってらっしゃいますね。命がけでお子さん守ってらっしゃるんだなと、ひしひしと伝わりますね。

■避難行動要支援者名簿とは

奥村：いろいろな対策の中に、**「避難行動要支援者名簿」**があると思いますが、これは障がいのあるお子さんも対象になりますか？

鍵屋：**避難行動に支援が必要な方の名簿**です。障がいのあるお子さんは、当然、避難行動に支援が必要ですが、家族がいらっしゃる場合、ご家族が支えられるから、それは外すという自治体もあれば、それも入れるという自治体もあります。一般的には要介護３以上で、あるいは介護保険を受けてて、一人暮らしであるとか、障がいがあって、２階に住んでて降りられないとか。あるいはつながっている人が少ないので厳しいとか。そういった意味では「避難行動要支援者名簿」は、その人の属性と支援者が、ちゃんといるかどうかということの２つで決まっていきます。お子さんの場合、家族がいらっしゃれば、いない人を優先にしようということで載せないということもあるんですが、保護者の方も**自分にはこういう事情があるので、「避難行動要支援者名簿」に載せて欲しいというと、多くの場合は、OKのはず**ですね。そういう事情があれば、どうぞ市町村に聞いてください。ただ名簿に登録した後も問題があって、名簿を作ったけれども、実際に誰が支援できるのかというところまでは決まっていないのが大半で、支援者や避難先を決めているところは12％の市町村です。残りは一部は決めているけどというのが半分くらい、半分は全く手がついていないという状況にあります。これも国の検討会で、名簿がある以上、どういった支援をするかちゃんと決めていきましょうということになりました。

一番重い人は福祉の専門職の人が入っているでしょう。障がい児であれば、学校の先生方が個別の教育支援計画を書いたり、セルフケアプランを一緒に作りながら、日常生活の支援をやっているわけです。介護保険であればケアプラン、障がい者総合支援法であればサービス等利用計画と。ところが、災害時のプランは今のところゼロです。これが大問題で、日常生活を支えている福祉の専門職の方々が、災害時のことを考えていく。まずここからスタートです。

私は、福祉の専門職は「本当はあなたを連れて安全な場所まで行ってあげたいけど、私はそういう人を30人抱えているし、私が住んでいるところは遠いのですぐに来れない。だから、近所の人の中で、あなたのことを前から知っている、助けられるよ、という人がいたら、その人を支援者にお願いしていいかな」と伝え、それで本人も「ぜひお願いします」となれば、個人情報の問題もクリアしてそこで計画ができるわけです。**日常生活の中で、本人の状況を知っていて、信頼関係を持ってる福祉の専門職が間に入って、地域とつながる。**障がいのある方についても、今までは福祉の専門職と障がいのある方だけでとどまっていた社会を、災害時のことを考えて地域とつながり、開いていくということが、これからの方向性として大事だと思っています。単に**災害時の助け合いだけではなく、日常生活から地域に開かれた関係、障がいのある人ない人が、一緒に分け隔てなく生きていける社会に向けて、進んでいくきっかけ**になるんじゃないかと思っているのです。

■**鍵屋先生からのエール　社会のリーダーに！**

奥村：ありがとうございます。ぜひママさんパパさんたちへエールをお願いします。

鍵屋：そうですね。「災害時に障がいのある人や、高齢者、赤ちゃんを助けたいと思いますか？」という大阪市でとったアンケートがありますが、約8割の人はお手伝いしたい、助けたい、という結果になっています。多くの人は、本当に障がいのある人、困っていたら助けたいと思ってるんです。でも「助けてください」と言ってもらえないと、押しかけるわけにもいかない。お母さんお父さん、障がいのあるということは、恥ずかしいことでも何でもない。むしろ、**障がいのある人をみんなで守っていく社会をこれから作っていく、皆さん方はリーダー**なんです。誰もが生きやすい社会を作る、そのために率先して、障がいのあるお子さんを抱えたお父さんお母さんがリーダーとなって、地域の人と仲良くなってください。地域の人は温かいと思います。多くの人は支えてくださいますから。それが平常時にも災害時にも、安全で安心な社会づくり、ご家庭づくりにつながっていくんじゃないかと思います。**ちょっと心を開こう！　と思っていただけると嬉しいな**と思います。

鍵屋　一（かぎや　はじめ）
跡見学園女子大学　教授、一般社団法人 福祉防災コミュニティ協会代表理事。
1956年、秋田県男鹿市生まれ。元板橋区職員で内閣府アドバイザーを務める教授。防災のミクロとマクロを知り尽くした稀有な存在。内閣府「避難所の役割に関する検討委員会座長」、内閣府地域活性化伝道師など。
著書に『図解よくわかる自治体の防災・危機管理のしくみ』2019年6月改訂、『ひな形でつくる福祉防災計画』2020年7月、『福祉施設の防災マニュアル作成ガイド』などがある。

第4章

「自宅を最強の避難所」にする方法

1 自宅を最強の避難所にするために大切な2つ

自宅にとどまれる状況でしたら「在宅避難」がベストだと思っています。第3章でメリット・デメリットを挙げましたが、小さいお子さんのいる家庭では特にです。在宅避難するために、自宅を**「最強の避難所」**にできるよう準備しましょう。

そのためにできることは2つ。**まずは自宅を安全な空間にしておく**こと、そしてもう1つは、ライフラインが寸断されても生活できるよう**ライフライン代替アイテム**の備蓄をしておくことです。

▼命を守る家づくり

1つ目の自宅を安全な空間にしておくためにできることは、第2章の地震対策でお伝えしました。地震の場合は、余震でも、家具が倒れたり、物が落ちてケガをする恐れがあります。**地震の揺れから命を守るだけでなく、その後の片づけの負担を減らし、さらには、在宅避難を可能にするためにも重要な対策**です。

▼ライフライン代替アイテム

2つ目の**ライフライン代替アイテム**について考えてみましょう。ライフラインとは、電気・ガス・水道・通信など生活に欠かせないものです。大きな災害になるとライフラインは寸断されます。阪神・淡路大震災以降に発生した地震災害で、復旧までの概ねの期間は**停電が1週間程度**。**通信は2週間程度**。**ガスは1～2カ月程度**、**上下水道は1カ月以上**を要している、とあります(首都直下地震等の東京都の被害想定)。これらの復旧するまでの期間、自宅で命をつなげるよう備えておく必要があります。

▼防災グッズの選び方

「防災グッズ、何を買ったらいいですか?」という質問を大変多くいただきます。これを買っておけば絶対大丈夫というものはありません。住んでいる地域や、ご家族の構成によっても、必要なものは変わってきます。ですが、ライフラインが寸断されても命をつなげるように**備えるものの優先順位がある**と思っています。その考え方をお伝えします。そして、全ての方に共通して言えるのは、**普段使えるものが一番**ということです。いざという時、使い慣れてないものは使えませんし、普段使わないと、倉庫や押入れの奥に入れ、どこにしまったのか分からなくなってしまいます。**日**

ライフライン
復旧まで

停電	1週間 程度
通信	2週間 程度
水道	1カ月 以上
ガス	1〜2カ月 程度

常生活が防災対策につながっているのが理想的と考えています。

2 最重要アイテムはトイレ！

▼トイレの備蓄が必要な理由

ライフライン代替アイテムで、私が**最重要アイテムと考えているのが、「トイレ」です。**トイレは命に直結した問題です。東日本大震災の時、7割近くの人が6時間以内にトイレに行きたくなったということです（日本トイレ研究所調べ）。災害が起きて、**しばらくは飲んだり食べたりしなくても過ごせると思いますが、トイレには行きたくなります。**また、トイレを我慢するようになると、飲んだり食べたりすることも控えるようになり、**体調の悪化にもつながります。**

「災害時、トイレは流さない」と、覚えておいてください。地震では、マンションの場合、揺れで配管が壊れていたら、**下の階の人が水漏れの被害を受けてしまいます。**低層階の方も、うまく流れず、**逆流してしまう**という恐れもあります。また水害においては、豪雨で川が溢れそうな状況では、排水機能も限界の状態。**被害を拡大しないために**もトイレを流すことは控えたほうが良いのです。

以前はお風呂の水などを使って勢いよく流す、といった方法も紹介されていましたが、上下水道、配管が復旧するまでは、オススメできません。

▼自宅でもトイレを備蓄する理由

家のトイレが流せない場合、あなたならどうしますか？　最寄りに設置される仮設トイレを使う

水で流さないトイレの使い方

1 便座を上げ便器にゴミ袋をかぶせる

2 便座を下ろし便袋をかぶせ凝固剤を入れる

3 便袋だけを外し袋を閉じて防臭袋に入れる

と考える方もいると思います。東日本大震災では避難所に**仮設トイレが届くまで、1週間以上かかった**自治体が半数ほどだったそうです（日本トイレ研究所調べ）。また、夜間や雨の中、トイレのたびに仮設トイレに向かうのはかなりのストレスです。犯罪のリスクもあります。**少なくとも1週間分くらいは、自宅に水を使わないトイレを用意**しておいたほうが良いです。大人では、**1日平均5回くらい**トイレに行くと言われているので、**1日の回数×1週間分×家族の人数分**、必要です。

▼水で流さないトイレの使い方

簡易トイレ、非常用トイレをご存知ですか？袋の中に用を足すものです。便袋と凝固剤がセットになっているものが多く、直接便器にかぶせるものや、ダンボール箱に便座がついているものなど様々あります。（使い方は上イラスト参照）

▼トイレの代替アイテム

市販の非常用トイレを**1週間分用意しようとすると、大人2人でも100回分**ほどとなります。使うか分からないものをそんなに買いたくないと思われる方は、普段使っているもので代用することもできます。**①トイレに被せるもの、②液体を吸収するもの、③臭いを出さないようにするもの**。この3点があればいいのです。①トイレに被せるものとして、普段使っているゴミ袋、②凝固剤の代わりには、赤ちゃん用や介護用のオムツなどが活用できます。サイズアウトしたオムツは捨てずに取っておくと役立つ日が来るかもしれません。その他、ペットがいる家庭なら、ペット用のトイレシートや猫砂。新聞を購読している家庭なら新聞紙など。ちなみに、凝固剤だけを購入することもでき、こちらのほうがリーズナブルです。

そして、③臭いを出さないようにするものとして、オムツ用の防臭袋を多めに買っておくと役立つでしょう。オススメは、医療用の排泄物を入れる防臭袋を開発したメーカーのものです。

災害の規模にもよりますが、ゴミ収集の再開までは時間がかかります。それまで自宅の敷地内、マンションなどでは、お風呂場など密閉された空間に保管しておきましょう。

普段使いできる「生ごみコンポスト」を活用したトイレについても、第6章で紹介します。

▼水洗トイレの使用を再開するタイミング

自分の地域で下水道使用制限が実施されていないかを確認。制限がない場合は、汚水マスを開け、水が流れるか確認する必要があります。詳しくは東京都下水道局「排水設備防災ハンドブック」をご覧ください（左QRコードより）。

3 1週間分以上の備蓄が必要な理由

南海トラフ巨大地震、首都直下地震の対策を検討する国の有識者会議では、**「家庭用備蓄は1週間分以上の確保が必要だ」**と呼びかけています。

過去の災害からも、ライフライン復旧まで1週間以上かかるケースが多く、災害支援物資が3日以上到着しないことや、物流機能のストップで、1週間はスーパーやコンビニなどで食品が手に入らないことが想定されています（農林水産省より）。さらに商品が入荷されるようになっても、店頭に長蛇の列ができます。

お子さんが小さい場合には、一緒に給水所やスーパーマーケットに長時間並ぶのは大変です。コロナ感染の不安もあります。

とくに、アレルギー対応のものや乳幼児用品などの一番必要なものは、なかなか手に入りにくいです。農林水産省でも、各家庭で2週間の備蓄を勧めています。

また、水害時、浸水継続時間が1週間より長い地域はそれ以上の備蓄品が必要です（下QRコード参照）。

排水設備
防災ハンドブック

要配慮者のための災害時に備えた食品ストックガイド

4 非常食を買う前に知って欲しい調査結果

１週間分の備蓄をするために、**家族みんなの食事を１週間分「非常食」にしようとすると、かなりの出費**になります。また、**賞味期限が切れてフードロス**になったり、もったいないからと無理やり食べたり……。現実的ではないので続けられないという方が多いと思います。私もそうでした。

▼実は１週間分の食料を備蓄している!?

そんな中、驚くべき調査結果に出合いました。

東京大学の目黒公郎教授の研究室で、首都圏を中心とした一般の家庭内にある食料品を調査したところ、８日分以上の食料がある世帯が半分以上、３～７日分が４割以上、備蓄していることが分かったそうです。さらに、この調査結果を、災害

大規模地震災害時を対象とした家庭生活継続のための適切な備蓄のあり方に関する基礎的検討

◎常備量の世帯割合（総エネルギー）

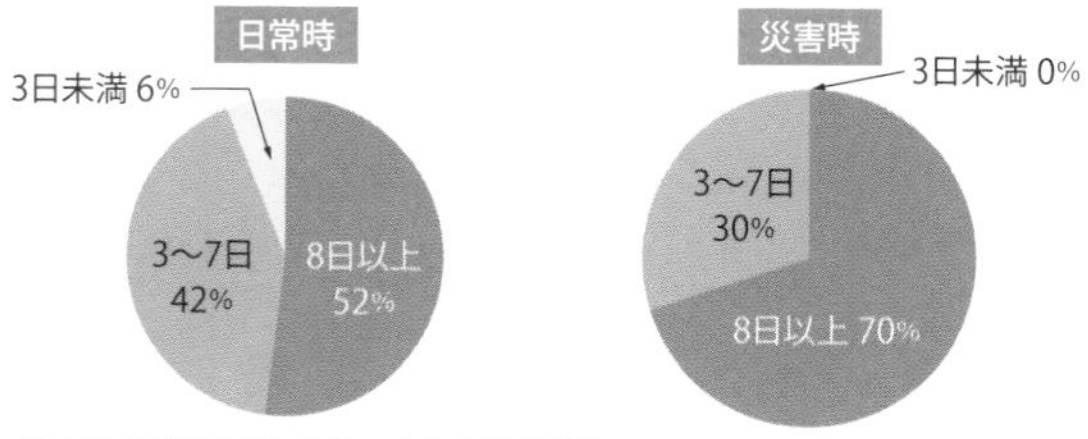

◎ライフライン停止時の調理可能手段の有無と継続期間

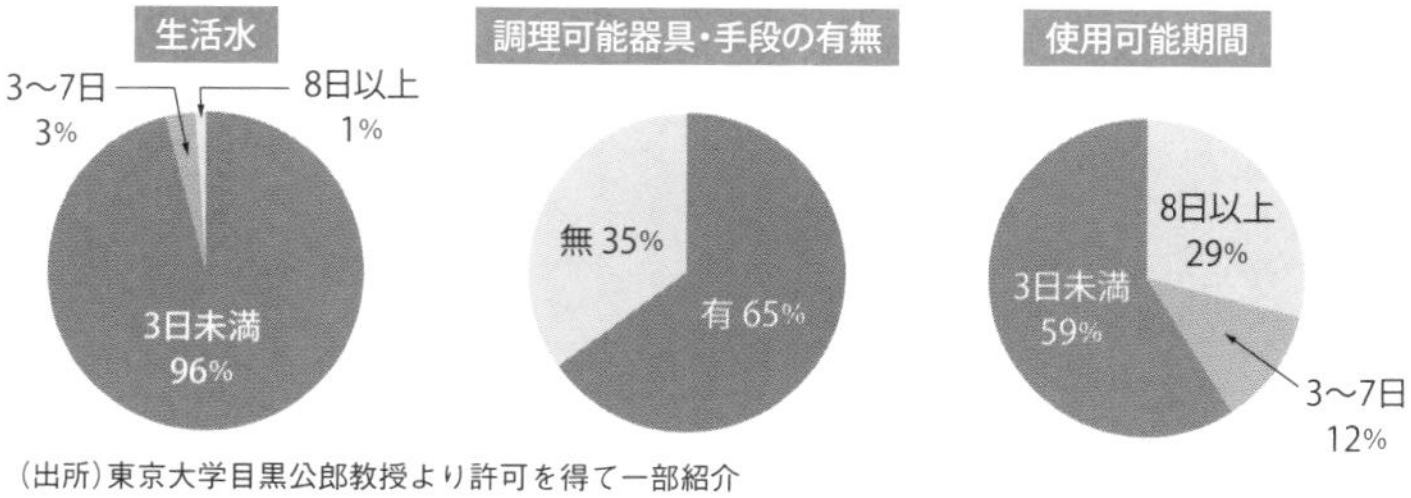

（出所）東京大学目黒公郎教授より許可を得て一部紹介

時は基礎代謝までエネルギー量を落としても良いという厚生労働省のルールをもとに計算し直すと、**ほとんどの家庭に3日分以上、7割の家庭には8日分以上の食べ物がある**という結果となったということでした。（右下図表参照）

目黒教授は「実は皆さんの家には美味しくて食べられるものがいっぱいあるので、循環型の備蓄さえしていれば問題ない。それをどうやって食べるかを考えたほうが合理的」とおっしゃっていました。あなたのご自宅にも、たくさんの食料があるのではないでしょうか。

▼在宅避難を可能にする2つのアイテムとは？

ただ、災害時にこの食料を活かすために、圧倒的に足りないのが、「水」です。**調査結果では**、ほとんどの家庭で3日分未満の水しか備蓄していないことがわかりました。また、**カセットコンロなどライフライン停止時の調理可能器具手段を持っているのは3分の2**。また、ガスボンベなど調理器具を使用できる期間も十分ではないことがわかります。これらがないとお湯も沸かせないですし、料理も限られます。つまり、**水とカセットコンロ・ガスボンベを備蓄しておけば、家庭内の食料だけで避難生活を送ることができる**のです。

5 食料よりも、まずは水を備えよう

「1人21リットル以上の水を備蓄する方法」

水をどのくらい備蓄していますか？　内閣府のガイドラインでは、災害時に備蓄すべき量として**成人は飲用水として1日3リットル**と記載されています。1週間分となると、**3リットル×7日分×家族の人数分**となります。

子どもは大人よりも体の中の水分量が多く、必要な水分量は、体重当たりにすると思っているよりも多めで、成人に比べて小学生で1・5倍、幼児で2倍、乳児は3倍にもなるということです（左イラスト参照）。ただし、「必要水分量」は口から摂取する水分（飲み物＋食べ物）＋代謝水（体内で代謝によって生じる水分）の合計であって、全部を水分として摂取すべきという数字ではありません。災害時も子どもが脱水にならないよう、十分に水分補給できる量の備蓄をしておきましょう。

水を運ぶのは重く大変なので、とくにマンションの高層階の方は多めに備蓄しておく必要があります。

▼水道水を活用する

買わないで水を備蓄する方法は、水道水の活用です。（水道料金はかかりますが）ペットボトルやポリタンクなど綺麗な容器に水道水を貯めておきます。東京都水道局によると、保存期間は、直射日光を避けて**常温で保存すれば3日程度、冷蔵庫で保存すれば10日程度**ということです。その間は塩素の消毒効果が持続するので、日付をメモしておき、保存期間が過ぎたものは掃除や洗濯など生活用水として使用、また新しい水道水を入れて

水

1日3リットル × 1週間 × 家族人数

計算してみよう！

1日に必要な水分量

体重（kg） × □（ml）

大人	30 ~ 40
小学生	40 ~ 60
幼児	60 ~ 90
乳児	100 ~ 150
新生児	60 ~ 160

出典：前川喜平、母子健康協会シンポジウム、母子健康協会

4人家族が1週間に必要な水の量

大人 ＋ 大人 ＋ 幼児 ＋ 乳児

あなたの家は何ℓ必要？

水道水

保存期間

常温　3日程度

冷蔵庫 10日程度

ウォーターサーバー

赤ちゃんもOK！

ミネラルウォーター

2ℓと500ml両方用意しておくと◎

☑ 国産のものは賞味期間1~2年

☑ 長期保存水も

おきます。浄水器を通したり、沸かしたりすると、消毒用の塩素が除去されてしまうので、**蛇口から直接容器に入れること**。また、清潔で蓋《ふた》のできる容器に、できるだけ空気に触れないよう、**口元まで一杯に水道水を入れておくこと**がポイントです。入れ替えをしながら備蓄する方法です。

▼ミネラルウォーターを利用する

ウォーターサーバーやペットボトルを購入すれば、入れ替える手間はかかりません。普段の飲み水や調理用に使い、循環備蓄しておけば無駄になりません。

▼長期保存水で備蓄する

国産のミネラルウォーターの場合、1〜2年くらい賞味期間があるようですが、**長期保存水**を活用する方法もあります。環境問題も考えると、なるべくペットボトルは使いたくないですが、私は非常持ち出し袋用に500ミリリットル、そして、避難生活中の調理用に2リットルを1ケースずつ用意しています。中には、環境負荷の少ない紙パックの長期保存水もありますが、価格が高いのでお財布との相談です。水もエコに備蓄できる時代になってほしいです……。

長期保存水についての疑問を、日本ミネラルウォーター協会に伺いました。

Q 長期保存水は、何か入っているのでしょうか?

「長期保存水」は、多くの場合、ペット容器を肉厚にするなど容器表面からの水の蒸散《じょうさん》をできる限り防ぐなどの工夫をしています。殺菌条件などを変更している場合もあると思いますが、**中身の水は通常製品と同じもの**で、化学物質（添加物）を入れることはありません。

Q 賞味期間の切れた水を飲むことができますか？

その製品が賞味期間をどのような根拠で決めているかによって異なりますので、一概には言えません。殺菌・除菌をしている製品（国産の製品のほとんど）は、内容量が保証できる期間で賞味期間を決定しているものが多く、その場合は、賞味期間を過ぎても中身の水が変質していないので、**賞味期限が切れたからと言って、すぐに飲めなくなるようなことはありません。**ただ、保存場所の臭いがついたり、中身の水の容器表面からの蒸散により容器がへこみ、キャップがゆるむ場合などがありますので、一概に、いつまで飲むことができるかなどを言うことはできません。また、フランスの水など**無殺菌無除菌の製品は**これに当てはまりませんので、**注意が必要です。**

Q 赤ちゃん用の水として販売されているものもありますが、普通のミネラルウォーターを使っても大丈夫ですか？

一般的に赤ちゃん用の水は、ミネラル分を多く含む「硬水」は不向きです。ただ、国産のミネラルウォーターは、硬度の低い「軟水」がほとんどなので、**硬度の低い製品は、赤ちゃん用として使っていただいても問題ありません。**

Q 長期保存の注意点を教えてください

保存する場所として、日光が直接当たる場所、ショウノウや油など臭いがする場所などは製品に影響を与えますのでふさわしくありません。**できるだけ冷暗所で、臭いなどがしない場所で保存してください。**

▼水の備蓄場所は？

収納場所に困るという方もいるかもしれませんが、**分散備蓄**をオススメします。各部屋に少しずつ保管し、その部屋に閉じ込められても水分補給ができるようにしておきます。

▼備蓄が無くなったら？

家庭内に十分な量を備蓄した上でですが、足りなくなったら給水所に取りに行くことになります。自治体で設置される**給水施設の場所**や、災害時に使える民家の井戸**「災害用井戸」**が近くにある場合もあるので、確認しましょう。また、その際に水を入れる容器もあると安心です。できれば**リュックタイプの給水袋**など、背負えるほうが運ぶ時に便利です。

6 生活用水の確保

▼お風呂

「揺れが収まった直後は水が出て、お風呂に貯められたので役立った」というお話を様々な被災地で聞きました。地震の直後は貯水タンクに水が残っていたりと、断水していても水が出ることがあります。

普段からお風呂に水を貯めておければ良いですが、小さいお子さんのいる家庭は、誤って溺れる恐れもあるのでお勧めできません。**お風呂に水を貯めるのは、地震直後や台風などが来る直前**にしたほうが良いかもしれません。

▼貯水タンク

また、エコキュートなど**給湯器の貯湯タンク**が設置されている家は、そのタンクの水を利用することもできます。何百リットルという水が貯められているものもあります。しかし、東日本大震災の時は、揺れでタンクが転倒する被害も出ていて、国民生活センターより注意喚起が行われました。さらに、熊本地震でも同様の被害が報告されています。倒れたことにより、玄関のドアが開かなくなったケースもあったようです。中の水は高温なので火傷の恐れもあります。**耐震対策ができているか、販売業者に点検を依頼**するようにしましょう。

▼雨水

雨水を利用する**雨水タンク**というものがあります。自治体によっては、設置に助成金を出しているところもあります。

生活用水、さらには、水害のリスクを減らすことにもつながります（詳しくは第6章227ページ）。

7 温かいご飯を食べるために、絶対に必要なものとは?

災害時「電気」「ガス」が使えない中、温かいご飯を食べるためには、**ガスの代わりになるもの**が欠かせません。**「カセットコンロ」**と、その燃料となる**ガスボンベ**も1週間分、備蓄しておきましょう。

▼ガスボンベ、どのくらい必要?

まず、製品によって変わりますが、5度以下は使えないというボンベもあるので、温度も確認して選びましょう。**2人分の場合、気温10℃で9.1本、25℃では6.3本あれば1週間もつ**そうです(イワタニHPより)。

ミルクが必要な乳児がいる場合は、授乳のタイミングでその都度お湯を沸かす必要があります。**ミルクを作るために、さらに1日1本はボンベを使う**ということです。(第3章の本郷さんへのインタビュー129ページより)

▼カセットコンロ+ガスボンベ、日頃から使おう

注意点は、**ガスボンベには消費期限があること**。これを過ぎると、爆発したり、火事につながることもあります。イワタニでは製造日(缶底に西暦年月日で印字)から**約7年以内を目安に**使い切るように記載されています。また、**カセットコンロ自体も10年で買い換えるのが目安**ということです。ぜひ、年に数回は使って、ボンベを循環備蓄(使ったら使った分だけ補充)するようにしておきましょう。日常生活で使えないものは災害時

も使えません。常日頃から使うことが大事です。

このカセットコンロとガスボンベがあることで、災害時のための食料備蓄への考え方を１８０度変えることができます。水、カセットコンロとガスボンベが用意できたら、次に進んでください。

8 災害時も、普段と同じ食事を続ける5つの方法

災害時は、普段食べているものがベスト！

東日本大震災の直後、私も放送局内に備蓄されていた乾パンと水、その後もアルファ化米などを食べました。味わう余裕も、食欲もなく過ごしていました（1カ月で10キロほど痩せていました）。

津波で被災した方や原発事故で避難されている方のことを思うと、食べるものがあるだけでもありがたい、そんな気持ちでしたが、ある時、他部署の人たちが炊き出しをしてくれました。その時に食べた温かいおにぎりとお味噌汁は、涙が出るほど美味しく、心の底から元気が出たのを覚えています。やはり**日頃から食べているもの、温かいものが、災害時、一番力になる**と感じました。

▼家にある食材をフル活用するために

その1　災害時、まずは冷蔵庫の中身から

まずは、冷蔵庫の中身、とくに肉や魚などの生ものから悪くなる前に食べてしまいます。冷蔵庫、冷凍庫の中身だけでも2、3日はもつのではないでしょうか。

その2　調理に欠かせないポリ袋

災害時、水やガスボンベの使用量を最小限に抑えて調理するために欠かせないのが、**ポリ袋**です。食品用の高密度ポリエチレン製のものは加熱できる袋です。インターネットで「ポリ袋料理」などと検索すると様々なレシピが出てきます。災害時はネットが使えなくなる恐れがあるので、**レシピを紙で保存しておく**、もしくは、**普段の食事でも活用し、レシピを覚えておく**ことです。時短にもなりますし、1つの鍋で同時に調理ができるので、ガス代の節約にもなります。また、災害時は水が使えなくなるので、**ラップやアルミホイル、ビニール手袋、ウェットティッシュ**なども常に予備を備蓄しておきましょう。

その3　「プラ1備蓄」で簡単備蓄

ローリングストック、循環準備、日常備蓄など呼び方はさまざまありますが、普段から少し多めに食材を買っておき、使ったら使った分買い足すことで、常に家の中に一定量の食材が備蓄されている状態にすることです。

私は、これを簡単にし**「プラ1（プラス1個）備蓄」を取り入れています。普段食べているもの**

で、常温保存できる食品を、常に家の中に2つ。つまり、予備が1つはあるようにします。最初に2つずつ買っておけば、あとは、1つ使ったら1つ買い足すだけ（181ページのイラスト参照）。普段食べているものなので賞味期限が短いものでも、**賞味期限切れを気にすることなく備蓄することができます。**収納スペースがあれば「プラ2備蓄」予備が2つあるようにすることも可能です。

わが家の場合。まず、**炭水化物**について。米（5キロを1週間ほどで食べます）、乾麺（うどん、そば、パスタ）やお餅、ホットケーキミックスなど。常に2袋以上あるように備蓄しています。

そして、災害時はどうしても炭水化物が多めになり、栄養バランスが悪くなるので、**普段使う缶詰や乾物も、常に2つ以上あるように**ストックしています。たとえば、トマト缶、ミートソース缶、ツナ缶、鯖缶、フルーツ缶などの缶詰。乾物でしたら、切り干し大根、干し椎茸、ワカメなどの乾燥した海藻、乾燥野菜など。パウチに入ったひじきや大豆など、これら全て常温長期保存できるものばかりです。

また、ふりかけ、調味料も予備を購入し、野菜ジュースなどの飲み物も常に2ケースはあるようにしています。日頃から飲んでいるサプリメントや青汁などがあれば予備を購入しておくと良いでしょう。

繰り返しになりますが、**日頃から食べているものので、常温保存できるものが最高の非常食**となります。

その4　元気が出るものを選ぼう

ぜひ、災害時でも食欲が出るような、**自分にとってテンションが上がるメニューを備蓄**してください。たとえば、カレーが好きな人はカレールーと米、うどんが好きな人はうどんと出汁などの調味料。私はビン詰めのパスタソースやレトルトカレー。また、オヤツやフルーツなども、1週間分は用意しています。

ストックがあるということは、忙しい時に買い物に行かずとも、パッと食べられるものが、家の中に常にある状態になります。これは**急に体調が悪くなった時なども役立ちます。**

その5　子どものための非常食

離乳食を食べるような月齢になったら、尚更、**災害時も普段と同じものを食べられるようにしておくことが大事**です。お勧めは、旅行や外出する時に持っていける**レトルトの離乳食を多めにストック**しておくことです。私は、ビン詰めの離乳食を1週間分ストック。1年ほど賞味期限があり、子どもの好みを見ながら循環備蓄しています。夏場は食中毒も心配なので、外出の時にこのビン詰めを利用しています。

とくにアレルギーがあるお子さんは、普段食べられ、長期保存できるものを多めに購入しておくと安心です。アレルギー対応の災害食も出てきてはいますが、食べ慣れていないと災害時に食べてくれるかわかりません。（アレルギー対応の備えについては139ページのQRコードへ）

お菓子や野菜ジュース、ゼリー飲料なども比較的賞味期間が長いので、多めにストックしておくと良いでしょう。**子どもの非常食こそ日常食の延長に**あることが大切です。

1 冷蔵庫の中身から

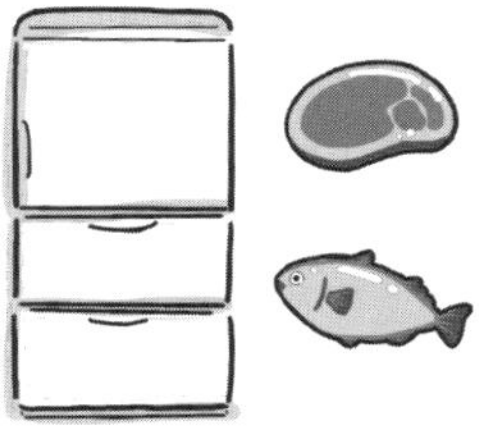

悪くなる前に食べよう！

2 調理に欠かせないポリ袋

耐熱性食品用
高密度ポリエチレン

☑ 普段の食事に活用
☑ レシピを紙で保存

備蓄しよう！
☑ ラップ
☑ アルミホイル
☑ ビニール手袋
☑ ウェットティッシュ

最高の非常食は

普段食べているもの

常温保存できるもの

3 プラ1備蓄

炭水化物　タンパク質　ビタミン ミネラル

4 好きな食べ物

元気が出るものを！

5 子どものための災害食も普段と同じに

離乳食　お菓子　ゼリー飲料　野菜ジュース

レトルト

食中毒が心配な夏場も安心

賞味期限が長いもの多めにストックしておこう！

9 電気の代替アイテムどうする?

電気の代わりになるものは、**蓄電、ためておくものと、発電、作り出すもの**があります。

▼電気をためておく

最近はスマートフォンのモバイルバッテリーをお持ちの方も多いと思います。ぜひ、**普段から使用し、常に満タンに**しておきましょう。また、**大容量の「蓄電池」**もあります。災害時、どうしても電気がないと困るもの、たとえば、医療機器など、電気がないと命をつなげなくなるようなことのないよう、それに合わせた蓄電池を用意する必要があります。

災害時に活用できるよう、蓄電池で動かしたいものを動かしてみて、**何時間使うことができるのか、確認しておくことが大事**です。2020年の台風10号では、暴雨風のため窓が開けられない中、停電でエアコンも使えなかったという話を聞き、わが家の扇風機を蓄電池で稼働させてみました。すると、弱風で一晩は持つことがわかりました。お持ちの蓄電池はどのくらい持つでしょうか?

乾電池が使えるラジオやライトなどを持っている方は、必要なサイズの**乾電池を多めにストック**しておく必要があります。電池のサイズを変えられるアダプターもあるといいでしょう。

▼電気を作り出す

発電に関しても、様々なタイプがあります。ただ、これも普段使っていないと、使えないものが多くあります。たとえば**発電機**。**家の中での使用は控えるよう**注意書きがあります。過去の災害でも発電機による一酸化炭素中毒で亡くなった方がいます。発電機は外で使うものとして普段から使っていたら、このような事故は防げたかもしれません。また、音が大きく近所迷惑になるので、夜間は使えなかったという被災された方の体験談も伺いました。

また、**自然エネルギー、太陽光や水**を使って電気を作ることもできます。ソーラーパネルの付いた懐中電灯やモバイルバッテリーもあります。安価なものでは、太陽光だけで充分に蓄電されないものもありました。天候にも左右されますが、一度、**太陽光だけでどれくらい蓄電できるのか確認**しておくことをお勧めします。

大切なのは、災害時、どのくらいの電気があると命をつなぐことができるのかを考え、それに応じた電力を準備しておくことです。もちろん、たくさんあればあるほど良いですが、経済的な負担もそれだけ大きくなります。また、普段使いできないものは、いざという時に使えません。キャンプや車で出かける時など、**日々の生活の中で蓄電器、発電機を活用して、どうやって使うのか、どのくらい持つのか、を実感として把握**しておくことが大切です。

10 懐中電灯を買う前に！

　照明の代わりになるものと言うと、まず思いつくのが懐中電灯ではないでしょうか。ただ、懐中電灯は手がふさがってしまうので、これから購入するのなら、**ヘッドライトやネックライト**など身につけられるもの、もしくは、**ランタンのようなもので、部屋全体が明るくなるもの**をお勧めします。

　ランタンは災害時だけでなく毎日使えます。たとえば、夜間の授乳ライトとして、また枕元で読み聞かせをする際にも役立ちます。ソーラーや手回し充電、ラジオなどが付いた多機能ランタンもお勧めです。

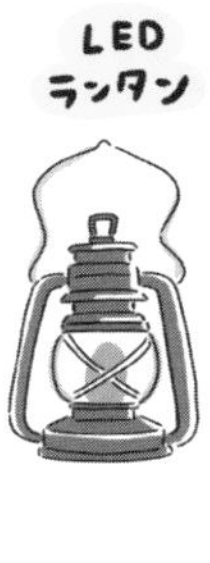

　一方、懐中電灯など常日頃使うことがないものだと、いざという時につかないこともあります。私が主催するオンライン防災訓練でも停電体験として、電気を消した状態で停電時でも使える照明を取ってきてもらいますが、どこにしまったか分からない、電池が切れていてつかなかった、という方が毎回必ずいらっしゃいます。普段から災害時にも役立つものを使うことの大事さが分かりますます。

　ローソクやキャンドルは、地震の場合は余震もあるので、倒れると**火事の危険**があるので、注意が必要です。

11 熱中症対策・寒さ対策

災害時の**熱中症対策や寒さ対策も普段から活用できるもの**を用意しましょう。

まず、**熱中症対策**。地球温暖化の影響もあり「災害級の暑さ」という表現が使われるようになるなど、そのリスクが高まっています。2018年の猛暑では、熱中症による救急搬送人が9万5137人と統計開始以来最多（消防庁報告データ）、死亡者数も1581人（厚生労働省人口動態統計）と過去2番目の多さになりました。

災害時だけでなく普段から熱中症について知り、備えることが大切です。とくに**小さいお子さんは、大人よりも熱中症になりやすい**です。体温調節機能が未発達なので、パパ・ママが、こまめにケアする必要があります。ここまでの備えを進めていれば、こまめな**水分と塩分を補給**できるような備蓄はできていると思いますが、経口補水液や塩飴、梅干しなどもあるといいでしょう。私は、**経口補水液のゼリー飲料**も備蓄しています。以前、熱中症になった時に水分補給できず、ゼリータイプなら飲めたからです。

停電しエアコンが使えないと部屋全体を涼しくするのは難しいので、せめて体だけでも冷やせるように備えておきましょう。体を冷やすためには、風と水を使うのが効果的です。たとえば、**扇風機**。乾電池式のもの、充電式のものがあり、ベビーカーなどに付けられたり、首にかけられたり

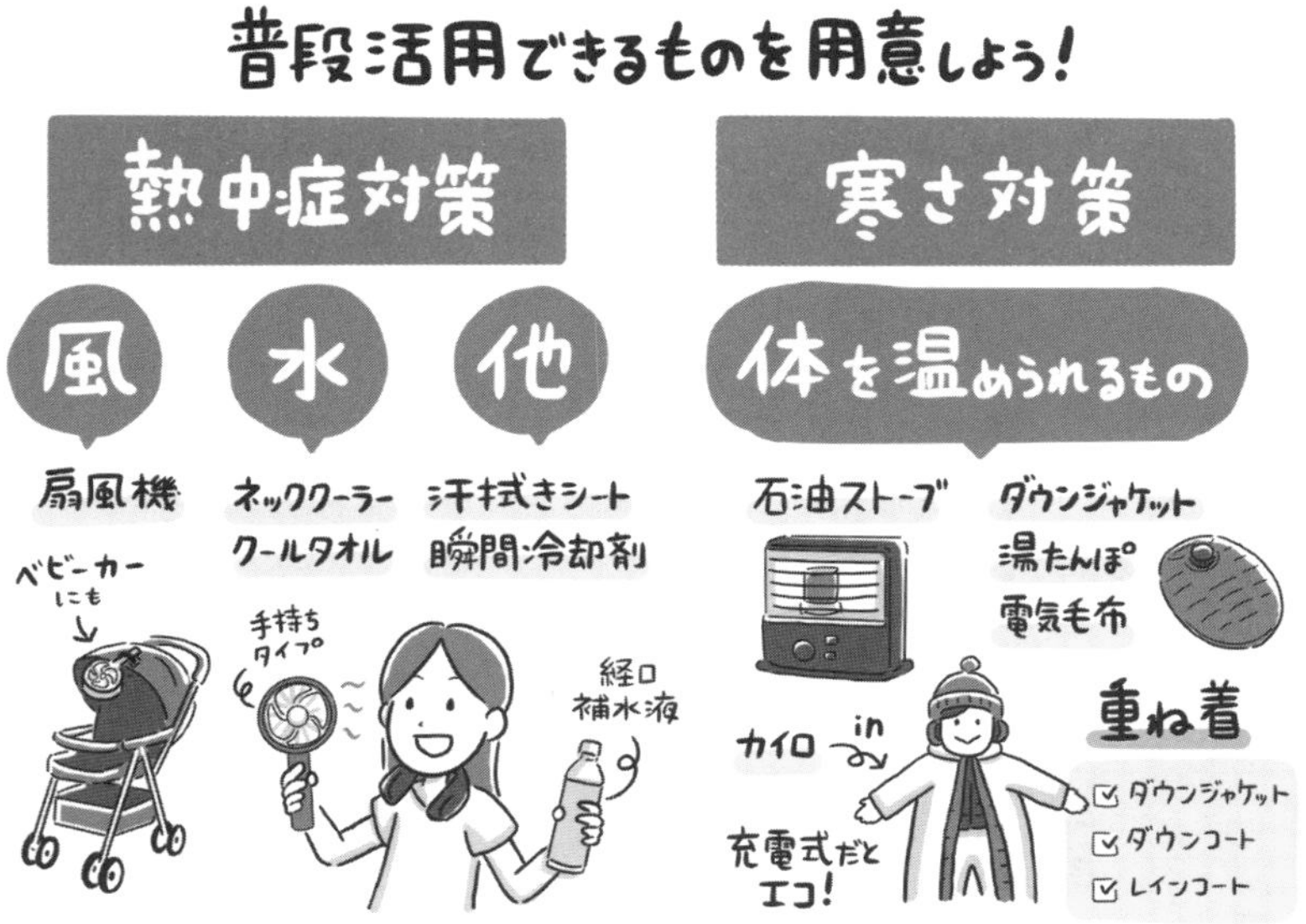

します。182ページでも記載しましたが、蓄電池があれば、家庭用扇風機を使うこともできます。

また、**水に濡らすだけで冷たくなるクールタオル、ネッククーラー**、その他、瞬間冷却剤やスプレー、**汗拭きシート**も役立ちます。

熱中症の症状がある時は、**濡れタオルや氷**などで、顔や手足を拭いたり、後頭部、両首筋、脇の下、太ももの付け根などに当てて、しっかり冷やすことが大切です。熱中症は死に至ることもあります。意識がない、自分で水分を摂取できないなど症状が重い時は、医療機関へ搬送し適切な処置を受けましょう。

続いて、**寒さ対策**。こちらもライフラインが寸断された中でも体を温められるものを用意しておきましょう。**蓄電池**があれば、電気毛布などを使うことができます。電気がなくても使える**石油ストーブ、ガスストーブ**も大変役立ちます。

洋服の着方でも工夫できます。私のお勧めは、ダウンジャケットの上からダウンコートを着て、その上にレインコートを着る方法です。これで氷点下10度の取材も乗り切りました。中に**カイロを貼る**とより暖かいです。使い捨てのものだけでなく、充電式カイロもありますので、繰り返し使えるものを選ぶとエコですね。また、東日本大震災で被災された方のお話では、夜は**湯たんぽ**を抱えて寝て、翌朝、その中の冷めた水を使って顔を洗ったり体を拭いたりしたそうです。

12 日用品もコロナ対策も全て循環備蓄

今回の新型コロナウイルスの感染拡大により、マスクが手に入らなくなったり、トイレットペーパーが品薄になったりと混乱が起きました。災害時は同様のことが起きると思って備えることが大切です。

コロナ対策で注目された**アルコール消毒液やマスク**などは、災害時の感染症対策でも必ず必要に

なってきます。また、家の中で感染症が発生しても、対処できるように**次亜塩素酸ナトリウム**（塩素系漂白液）など消毒に必要なものもあると良いでしょう。これは、日常生活で、子どもが突然インフルエンザになった、食中毒で嘔吐した、そういった時にも役立ちます。

また、**トイレットペーパーやティッシュ、ウェットティッシュ、生理用品**などの日用品も常に**「プラ1」できれば「プラ2備蓄」**しておけば、買い占めが起きても安心です。1カ月くらいは家から出なくても生活できる、そんな心構えでいます。さらに、**家族の特性に合わせて、必要なものの備蓄を心がけることが大切**です。たとえば、アレルギーや持病がある方。かかりつけ医と相談した上で、1週間分ほどは薬が手元にあるようにしておきます。

全国の自治体における母子保健関連物資の備蓄状況

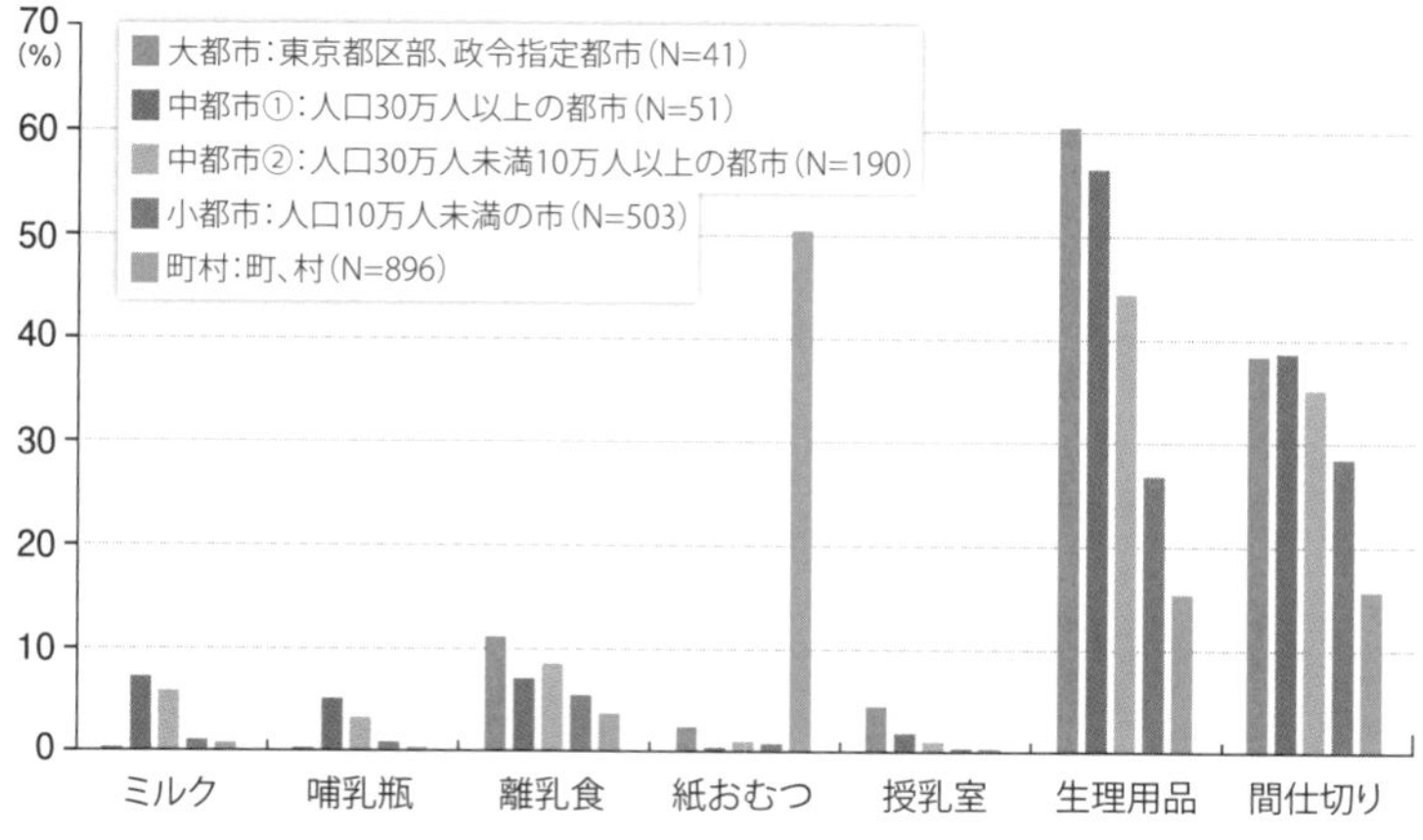

（出典）平成27年度内閣府避難所運営等に関する実態調査（市区町村アンケート調査）より
基礎自治体 N=1,681（回収率97%）

©神奈川県立保健福祉大学　吉田穂波教授作成資料より許可を得て掲載

13 子どものために備蓄したいもの

みなさん、**オムツ**は多めに備蓄していますか？　私は1カ月分くらいはストックしています。自治体によっては避難所にオムツを備蓄しているところもありますが、サイズや量は十分とは言えません。また、支援物資が届いても、普段使い慣れたものとは限りません。赤ちゃんの成長は著しいので「今のサイズ」だけではなく、「次のサイズ」も用意しておくとさらに安心です。

おしりふきも、多めの備蓄が必要です。私の暮らす自治体では、オムツは備蓄されていますが、おしりふきはありません。アルコール入りのウェットティッシュを備蓄しているそうですが、新生児だと肌が荒れてしまうかもしれませんし、大人でも繰り返し使うと肌がガサガサになっていきます。おしりふきは、大人が体を拭くのにも使えますので、多めにあると良いでしょう。未開封のものは1年ほどもつものもありました。

粉ミルク、液体ミルクの備蓄については、第3章（129ページ）をご覧ください。「自治体の備蓄に頼らない」ということを母と子の育児支援ネットワークの本郷さんもお話されていましたが、内閣府の調査では備蓄の実態は右ページのグラフのようになっています。いかに家庭内で備蓄しておくことが大切かがわかります。

専門家インビュー

夢のマイホームを計画されている方へ

「家はシェルターにもなり、家族の命を奪う凶器にもなる」

◉……防災住宅研究所　所長　**児玉　猛治**

自宅を最強の避難所にするために一番大切なのは、災害が起きても壊れない家に住むことです。**「災害に強い家」**について研究している一般社団法人**防災住宅研究所の児玉猛治所長**に伺いました。

奥村：毎年のように災害が起きていますが、家の被害についてどう受け止めていますか？

児玉：**家族の命を守るべき「わが家」によって家族の命を失うということなどあってはならないことです。**にもかかわらず、毎年のように災害で命が失われ、多くの住宅が損壊をしています。災害現場に行くたびに、「日本の住宅は弱すぎる」と思ってしまいます。

建築基準法では、1981年5月以前が「旧耐震基準」、1981年6月～2000年5月が「新耐震基準」、2000年6月以降が「新々耐震基準」で造られた住宅です。「新々耐震基準」とは、阪神・淡路大震災で新耐震基準でありながら多くの住宅が損壊したため、さらに「地震に強く」を求め、住宅性能表示制度が作られました。

しかし、熊本地震では、「新耐震基準」で建てられた住宅が、最も被害の大きかった益城町で100棟近く「全壊」。**約8割が損壊**しています。さらに「新々耐震基準」で建てられた住宅であっても、約4割の住宅が損壊をし、6%は大破以上です（下図表参照）。

奥村：児玉所長は、この25年間、調査研究する中で、災害に強い家があると発見したそうですね？

児玉：はい。**過去の災害で最も被害が少なかった住宅は、WPC工法**と呼ばれる工法で建てられた住宅です。WPC工法とは、鉄筋コンクリートパネルによって作られた家です。W＝Wall「壁式」P＝Precast（あらか

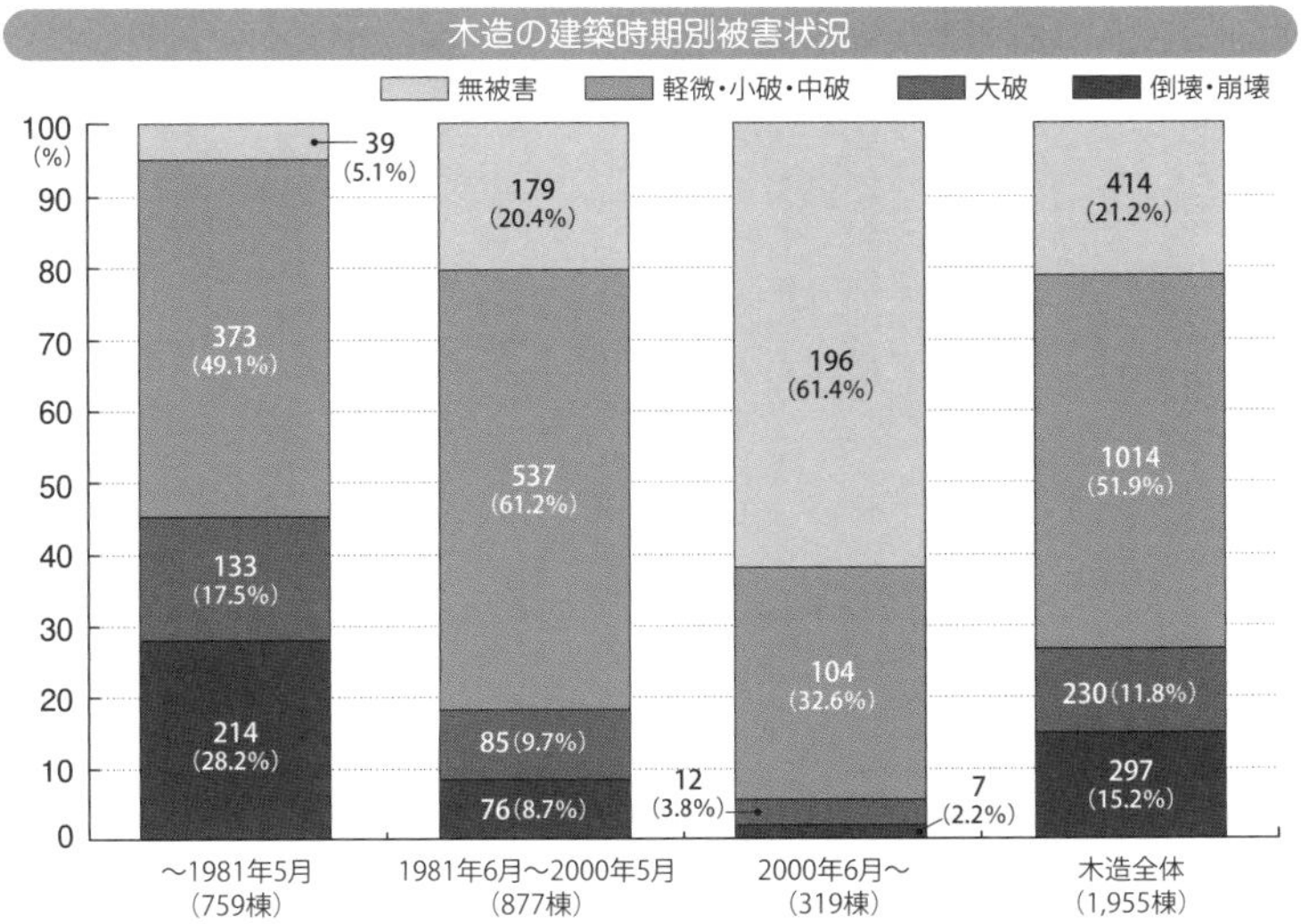

(出典)国土交通省住宅局「熊本地震における建築物被害の原因分析を行う委員会」報告書

周りの住宅が全半壊する中、無傷だったWPC住宅（兵庫県東灘区）
写真提供：防災住宅研究所

じめ作る）Ｃ＝Ｃｏｎｃｒｅｔｅの略で、あらかじめ**工場で作られたコンクリートパネルを現場で箱型に組み立てる工法**で、昭和30年代初頭に建設省（現：国土交通省）主導で、関東大震災の教訓から作られた耐震性・耐火性・耐久性に優れた構造のものです。**現場打ちの鉄筋コンクリートの2倍の圧縮強度**を持っています。

ＷＰＣ工法の住宅に出会ったのは、阪神・淡路大震災の被災地でした。この大震災では25万棟もの住宅が全半壊し、約35万棟が一部損壊している中、当時**被災地区に建っていた495棟のＷＰＣ住宅は、すべて無傷で、一部損壊もなかった**（建設省建築研究所：監修　建築技術　特集―阪神・淡路大震災　コンクリート系低層プレハブ住宅の被害より）という調査結果を知りました。

奥村：このＷＰＣ工法の住宅はなぜ災害に強いのでしょうか？

児玉：理由は4つ考えられます。

まず1つ目が、壁、床、天井などすべてを形成する**ＰＣパネルの強度が非常に高い**ということが言えます。たとえば、神奈川県と千葉県を海底トンネルで結ぶ**アクアラインのトンネルの壁に使用**

され、ものすごい水圧に耐えています。

2つ目が、このPCパネルを建設現場で箱型に組み立てている点です。住宅を襲う外力を、柱と梁《はり》の接合点で受けるのでなく、**面で受け止めることで剛性を発揮**します。

3つ目が、建物はすべて固有周期を持ちますが、一般住宅の持つ固有周期は地震の持つ揺れの周期と同調しやすい周期をもっているのに比べ、WPC工法の住宅の持つ固有周期は非常に小さく（約6分の1）、**地震と同調しないので地面が揺れても建物自体はほとんど揺れない**という利点があります。

4つ目は重量です。WPC工法の住宅は、**木造住宅の3～4倍の重量**があり、2階建てで約120～150トンあることで、**津波にも流されず、土砂災害を受け止める**こともできたのです。

奥村：その後の災害現場でも、この工法の物件を調査されていますね？

児玉：はい。**新潟中越地震で調査した41棟がすべて無傷、能登半島地震で調査した10棟すべてが無傷、新潟中越沖地震で調査した56棟がすべて無傷、震度7を2回観測した熊本地震でも調査した23棟がすべて窓ガラス一枚割れることなく無傷**でした。

また、地震だけでなく、**2011年の東日本大震災**では、多くの住宅が基礎だけを残し流される中、仙台市や名取市のWPC工法の住宅は、津波に流されることなく、原型をとどめていました。その他、**土砂災害や豪雨災害、さらには延焼火災にも耐えています。**（次ページ写真参照）

東日本大震災のおよそ5メートルの津波で流されなかったWPC住宅（仙台市若林地区）

2014年広島土砂災害で土砂を受け止めたが躯体構造は無傷だったWPC住宅（広島市安佐南区八木）

2013年火災の延焼を免れたWPC住宅（静岡県焼津市）
写真提供：防災住宅研究所

ＷＰＣ工法の住宅は、東日本大震災の津波にも流されず残っていたことで、津波対策シェルターペントハウスを作り、販売しているところもあります。これは、洗面器を逆さにしてお風呂のお湯につけると「空気だまり」ができますが、その仕組みを利用しています。たとえ夜中に津波が襲ってきたとしても、このペントハウスに逃げ込めば助かるのではないか、と考えたそうです。屋上に出るためのペントハウス内に防水シートを張りめぐらせ、ドアは漁船で使用するような密閉性の高いものを使用。空気が外に漏れないような構造になっています。東海地震・南海トラフ巨大地震発生後、わずか数分で津波発生が予測されている静岡県内で、すでに１００棟以上購入されています。真夜中の巨大地震発生では、停電で真っ暗、道路は倒壊した建物で避難ができない………。迫りくる津波……もし、わが家に津波避難場所が確保されていたら、これに勝るものはありません。

WPC工法住宅に設置された津波対策シェルターペントハウス（写真提供：防災住宅研究所）

防災科学技術研究所で行われた津波対策シェルターペントハウスの実験の様子

奥村：ＷＰＣ工法という選択肢があることを、まずは知ることが大事ですね。

児玉：ＷＰＣの**坪単価は、大手鉄骨系住宅メーカーの坪単価とほとんど変わりません**。ただ、保険料や光熱費、シロアリ対策、経年劣化による修繕費など計算し、**35年間という長いスパンで考えると間違いなく「お買い得」です**。他の住宅工法は経年劣化によって「対災害強度」は落ちてきます。**耐久性能という点でもＷＰＣ工法の住宅は秀でています**。

奥村：児玉所長の考える防災住宅とはどういうものだと思いますか？

児玉：日本は災害大国だと認識した上で、子どもの命を守る家を選ぶべきです。**「あらゆる災害に対し、全壊、半壊、一部損壊もなく、家族の安全を確保し、災害後も避難所に行くことなく、自宅でストレスのない生活環境が得られる住宅」**だと思っています。過去の災害で損壊のある木造や鉄骨住宅ではこの定義に当てはまりません。

昨今は新型コロナウイルス感染症の問題もあり、避難所に行くことのない垂直避難などが注目されていますが、**垂直避難して良い住宅と垂直避難してはいけない住宅があること**を知らないといけません。風速40m/sを超えるような強風が襲ってきた場合、強風で損壊するような住宅に〝避難〟していたのでは、反対に命の危険にさらされてしまいます。また、災害関連死のことも考えると、**被災後もストレスのないわが家で生活をすることがいかに重要か**。損壊する住宅では安心は得られません。

沖縄県は巨大台風の通り道になることが多いにもかかわらず、住宅災害の報道はほとんどありません。それは県内の住宅の90％以上がコンクリート住宅で、県民が巨大台風からどうやったら家族の命を守れるかということを知っているからなのです。

今までの住宅選びで本当に家族の命を守ることができるのか、真剣に考えていただきたいと思います。子どもたちの命を守るのはお父さん、お母さんたちの役目でもあるのです。**「わが家」は家族の命を守る、第一の砦《とりで》**なのです。

児玉 猛治（こだま たけはる）
一般社団法人　防災住宅研究所代表理事。
25年間、日本国内で発生した50カ所以上の災害現場、海外はオクラホマの巨大竜巻やネパールの巨大地震にも調査に出かけ、「災害と家」というテーマで調査研究。
出版やセミナーなどを通して「命を守る住宅」の必要性を訴える。

第5章

非常持ち出し袋の作り方
子どもにも
用意していますか？

1 非常持ち出し袋の考え方

▼フェーズに応じて優先順位を考えよう

非常持ち出し袋、用意していますか？　後回しになっている方、数年間、中身を出したことのない方、多いのでは。私も以前はそうでした。自分一人だったらなんとかなるかもしれませんが、子どもがいると、用意しておかなければ、子どもの命に関わってきます。何をどのくらい入れたら良いのか、分からない方もいると思います。リストを見ても、これ必要なの？　という物もあるのではないでしょうか。

非常持ち出し袋は、自分や家族にとって必要なものを厳選する必要があるのです。ここでは、その**非常持ち出し袋を作る時の考え方、優先順位**をみていきましょう。

まず、非常持ち出し袋の考え方から整理しましょう。**非常持ち出し袋は、1次、2次に分け**て、入れるものを考えることをお勧めします。**1次は、発災直後、避難する時に持ち出すもの、2次は、避難所で生活するために**家に取りに戻るものというイメージです。家の中に入ることができれば、家に備蓄しているものを詰めることも可能です。

1次は背負って**走って逃げられる重さ**が大切です。小さいお子さんがいる方は子どもを抱っこして、さらに非常持ち出し袋を背負うことになるので、重すぎると逃げることができません。マン

非常持ち出し袋

1 一次
走って逃げられる重さで
発災時
避難する時に
持ち出すもの
非常持ち出し袋
+
ママバッグ
+
子ども ? kg
2 二次
避難所で
生活するために家に
取りに戻るもの
家に備蓄しているものを
詰めることも可能

ションの高層階ですと、階段で避難しなくてはいけませんし、津波の被害がある地域では全力疾走しないと命を守れない場合もあります。当たり前ですが、**非常持ち出し袋より命を守ることを優先**してください。

必要最低限のものしか入らないと思って、中身の優先順位を考えていきます。市販の非常持ち出し袋を購入した方も、自分にとって大事なものが入っているとは限りません。カスタマイズすることが重要です。

ちなみに、ママバッグも立派な非常持ち出し袋です。第6章（220ページ）で詳しくお伝えしますが、ママバッグには、毎日使う子どもにとって必要なものがたくさん入っています。余裕があれば私はママバッグも持って避難しようと思っています。

2 優先順位第1位！「体の一部になるもの」

▼体の一部になるもの

最も優先すべきものは、**自分の体の一部になるもの**です。たとえば、メガネや補聴器、義歯、医療機器やそのバッテリー、薬など、それがないと命をつなぐことが難しくなるものです。これらのものは、自治体で備蓄していませんし、支援物資でも届きません。たとえ届いたとしても、時間がかかります。できれば、予備のものを購入して入れておくと良いのですが、難しい場合は、非常持ち出し袋に追加で入れるもののリストを貼っておくと、いざという時の入れ忘れを防げます。

▼排泄物への備え

また、体から排出されるものへの対策、**携帯トイレ**も入れておきましょう。第3章・避難の考え方でもお伝えしましたが、避難所など公共のトイレは長蛇の列になります。せめて1日分の携帯トイレを入れておくといいでしょう。**目隠し**になるポンチョなども一緒に入れておけば、場所を選ばすに使用できます。これは、防寒や着替える時にも役立ちます。また、**トイレットペーパー**も必要です。紐を一緒に入れておくと、首から下げて使えるので、トイレットペーパーの置き場にも困りません。**アルコールの入っていないウェットティッシュ**、女性は**生理用のナプキン**も入れておくと、下着を着替えられなくても、デリケートゾーンを清潔に保つことができます。

優先順位

1 体の一部になるもの

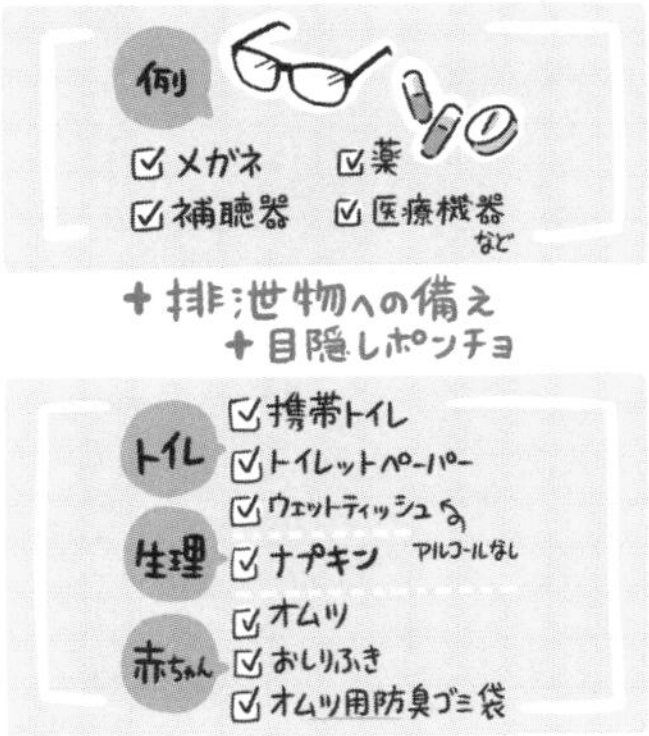

2 避難する時に使うもの

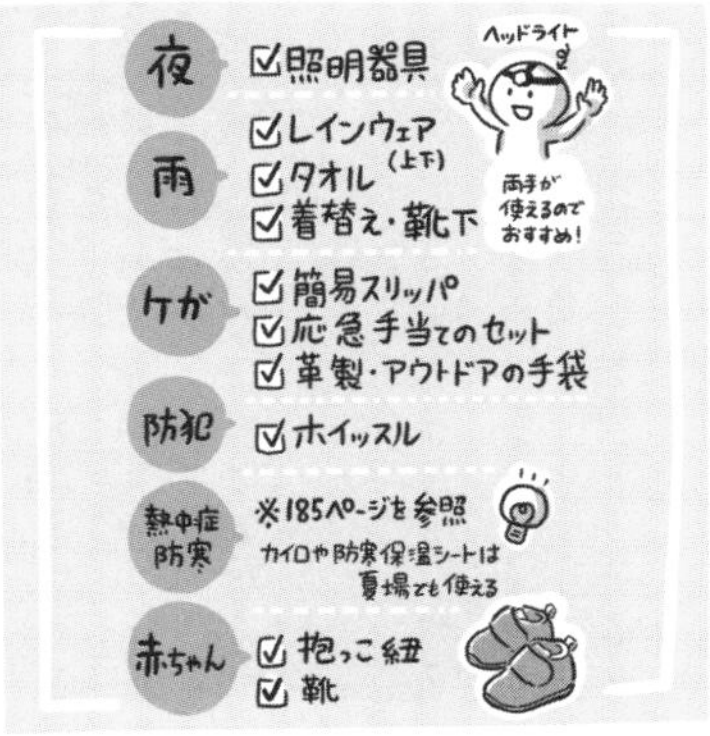

3 水・食料

そして、前述した**ママバッグ**の中に、オムツなどは入っていると思いますが、非常持ち出し袋にも、さらに10枚ほどオムツをプラスで入れています。第4章でも触れましたが、**おしりふき、オムツ用の防臭ゴミ袋**があると、大人の排泄物などにも役立ちます。

3 優先順位第2位！「避難時に必要なもの」

続いて優先順位が高いのが、**避難する時に使うもの**です。

■夜の避難で必要な照明器具（懐中電灯は手をふさいでしまうので、**ヘッドライト、ネックライト**などがお勧めです）。

■雨が降っている中、避難することも想定されるので、**レインウエア**。できれば、防水透湿素材を選びましょう。これは雨に濡れないだけでなく、汗による蒸れも防いでくれる素材です。濡れてしまうと、低体温症のリスクも高まります。外からも中からも濡れないようにしましょう。雨の日、自転車での送り迎えや、山登り、アウトドアでも活用できます。

■豪雨や浸水した中で避難することになったら、濡れてしまいます。最低限の**タオルや着替え**もあると良いです。靴下も忘れずに。

女性の場合、ブラジャーよりもブラトップのようなもののほうが洗濯して干す時にも気にならないでしょう。

■避難所で濡れた靴から履き替えられるように、**簡易スリッパや靴**などを入れておくと良いです。

■避難途中にケガをすることも考えられます。**応急手当てセット**もあると安心です。

■非常持ち出し袋の中身リストで「軍手」がありますが、できれば革製の手袋をお勧めします。軍手は濡れると使いづらいですし、釘や木片などは突き抜けてしまいます。アウトドア用の防水の手袋も良いかもしれません。

■瓦礫《がれき》の下敷きになった時や防犯対策に、**ホイッスル**をリュックの肩紐のところにも付けておくと良いです。子どもは吹く練習もしておきましょう。

■熱中症対策、防寒対策も必要です。第4章（185ページ）にどんなものがあると役立つのか、お伝えしました。夏は熱中症対策グッズもプラスで入れておきましょう。

カイロは、離乳食や液体ミルクを温めることもできるので、夏場も入れておくと役立ちます（粉ミルクをカイロで温めるのは危険です。131ページ参照）。また、**防寒保温シート**も寒さだけでなく雨対策にも使えるので、一年中入れておきたいアイテムです。他の人への配慮として静音タイプがお勧めです。

■大災害の時は、小さい子どもを歩かせるのは危険です。人波に飲まれはぐれたり、瓦礫でケガをしたり。**抱っこできる年齢の子どもは、なるべく抱っこ紐に**入れて避難しましょう。避難中は目で確認できる抱っこが安全ですが、避難生活中はおんぶのほうが動きやすいと思うので、**抱っこもおんぶもできるタイプ**がお勧め。また、歩けるようになったら、子どもは**靴を履《は》かせる、または、靴を持っていくこと**を忘れないように。

前述しましたが**ハザードマップ**も非常持ち出し袋の中に入れておけば、紛失する心配もありません（事前にチェックしておきましょう）。

4 優先順位第3位！「水・食料」

水や食料を優先順位1位にあげる方もいるかもしれませんが、これらは、もらうこともできるものなので、私は優先順位を下げています。たくさん入れたい気持ちもありますが、非常持ち出し袋に入る量や走れる重さを考えると、**1日分が限界**でしょうか。リストには3日分と書いてあることがありますが、とても背負える重さではありませんでした。とくに小さいお子さんのいる方は、子どもと自分の分です。子どもを抱っこして走れる重さを考えて入れましょう。

水は、衛生面を考えると、短時間で飲み切れる500ミリリットルがお勧めです。私は3本入れています。

食べ物は、できるだけ、**調理不要、その場でパッと食べられるもの。**私は、息子のレトルト離乳食と非常食パン、栄養補助食品などを入れています。**スプーンなどカトラリー**も忘れずに入れましょう。大人も子どもも**普段食べて美味しいと思えるものや、好きなお菓子や食べもの**があると、安心ですし、心の元気につながります。空腹をしのぐのに、飴。栄養不足になるので栄養補助食品や、普段サプリメントを飲んでいる方は3日分ほど小分けにして入れておいても良いかもしれません（普段飲んでいないものはやめましょう）。ミルク・混合栄養の方が持ち出し袋に追加するものは、134ページをご覧ください。

5 感染症対策グッズはマストです

非常持ち出し袋に最低限の感染症対策グッズを入れておきます。できれば多めに**マスク**、**アルコール消毒液にウェットティッシュ**、**ゴーグル**や、マスクをした上での**フェイスシールド**もあるといいかもしれません。そして、**体温計**も入れておきましょう。感染症対策で、避難所の受付では検温や問診をして、発熱などの症状のある人は滞在場所を分けることになっています。検温に時間がかかると長蛇の列ができます。マイ体温計があると受付がスムーズになるでしょう。また、**ビニール手袋**。手を洗えない場合もあるので、食事の配膳や食べる時に使ったり、トイレや感染リスクのあるものを触る際にも使えます。

感染症に負けないためにも**「口腔ケア」**が大切です。歯磨きなどの口腔ケアは、インフルエンザへの感染リスクを下げることが分かっています（日本歯科医師会ＨＰ）。避難所でもしっかりケアできるように、普段の口腔ケアグッズ（**歯ブラシやフロス**など）は必ず家族全員分入れておきましょう。歯磨きは水ですすがなくても効果があるということが分かっています。また、フッ素の入った溶液、または1日1回、フッ素入りの歯磨き粉で歯を磨いた後に、お猪口《ちょこ》1杯分の水を含んで、ブクブクうがいをして吐き出すだけで終えるとむし歯を防ぐ効果があります。水がなくても使える携帯用の**口腔ケアシートやマウスウォッシュ**、唾液を出すための**キシリトールガム**なども一定の効果があります。

東日本大震災の被災地での支援活動にあたった東北大学大学院歯学研究科の小関健由先生によると、避難所生活で子どもの**むし歯リスクが上がり、歯肉炎や口内炎の症状が増えていた**ということです。支援物資のジュースを飲む、お菓子を食べる機会が増える、また歯磨きしづらい環境など、様々な要因があります。

被災地に限らず、子どもの乳歯や生え変わったばかりの永久歯は、大人の歯に比べてむし歯になりやすい状態です。また、妊娠中も歯周病やむし歯のリスクが高くなります。高齢者の災害関連死の死因で誤嚥《ごえん》性肺炎が注目され、災害時の口腔ケアの大切さが伝えられるようになりましたが、子どもも親も口腔ケアが大切だと認識しておきましょう。小関先生は**「日頃から口も体も健康であることが大事、それが一番の備えです」**と話し、1年に2回は歯科医院に通うことを勧めています。

6 情報収集、連絡手段と盗難対策

ここまで紹介したものを全て入れるとかなり重くなります。あとは、一人ひとり優先順位によって選択しましょう。たとえば、情報収集、連絡手段として欠かせないものとして、スマートフォンの**予備モバイルバッテリー**、**簡易ラジオ**などがあります。避難所では音が出せないので、**イヤホン**も一緒に入れることをお忘れなく。アナログな方法ですが、**紙やペンなどの筆記用具**、**布ガムテープや養生《ようじょう》テープ**も連絡手段として使えます。また、**貴重品は最小限に**。大事な書類はクラウド保存にし、避難所にはコピーしたものを持って行ったほうが安全かもしれません。現金は、10円玉、100円玉など、公衆電話や自動販売機で使える

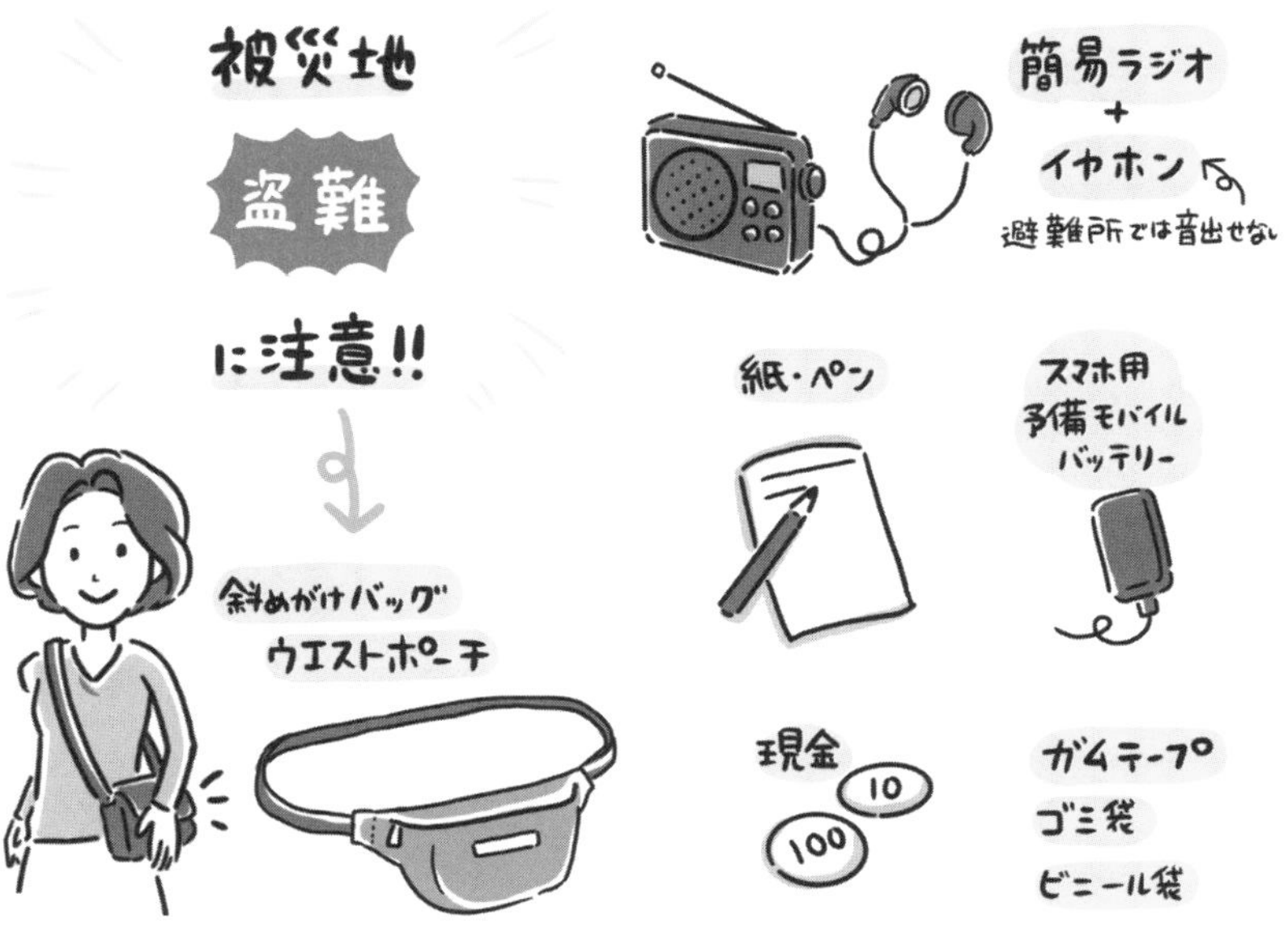

小銭を用意します。

被災地では盗難が発生します。私自身、災害復旧ボランティアで入った時、大きな紙袋2つを盗まれました。周りの人も寝袋やモバイルバッテリーが盗まれたりと、被害にあいました。避難所はプライバシーのない空間に、見ず知らずの人たちが集まります。トイレに行ったり、食事を取りに行ったりする時も肌身離さず持ち歩けるよう、**ウエストポーチや斜めがけバッグ**を非常持ち出し袋に入れておきましょう。

7 あったら役立つもの

抱っこで避難するような小さいお子さんがいる場合、親の非常持ち出し袋の中に、**子ども用のおもちゃ**を入れておきます。いつもと違う場所で

避難所であったら役立つもの
化粧品セット
がほしい…
メイク落としや
眉ペン
があれば…
好きなおもちゃ
床が硬い
体が痛くて
眠れない…
髪留め
がほしい…
鏡
を
見たい…
床に敷くもの
・エアーマット　・ヨガマット
・クッション入りのレジャーシート
etc
乾燥する…
保湿クリーム
がほしい…
その他
虫除け　殺虫剤

も、少し気が紛れるかもしれません。

床に敷くものもあると良いでしょう。私は東日本大震災の時も、熊本地震の時も、硬い床の上に寝ましたが、正直、体が痛くて長時間眠れませんでした。あまり大きいものは敷けないかもしれませんが、空気で膨らませる**エアマット**、普段使っているクッション入りの**レジャーシートやヨガマット**などがあるだけでも寝心地が変わってきます。これらは台風や水害などで余裕を持って避難できる時は、必ず持っていきたいと思っています。

避難所は乾燥するので、**保湿クリーム**が欲しかった、髪留めや眉ペン、鏡があれば……という声を聞きました。拭き取りタイプの**メイク落とし**や少量の化粧品セットも入れておくと役立つかもしれません。

夏場は、虫除け・殺虫剤もあると良いでしょう。

8 おすすめの持ち出し袋と置き場所

非常持ち出し袋は、防炎防水などの機能性のある専用のリュックを購入するのも良いのですが、私はあえて、登山などで年に**数回しか使わないアウトドア用のリュック**にしています。そうすることで、年に数回は中身を出し、入れ直す必要が出てくるからです。また、普段使えるリュックなので、背負い慣れていますし、使い勝手も良いです。

雨対策として、**中に入れるものは防水の密閉袋**に入れておく必要があります。細かく分けて密閉袋に入れておくことで全滅を防ぎます。

非常持ち出し袋の置き場所は、玄関をお勧めします。家の外ですと、水や食品などを常温保管するのが難しいこともあると思います。また、押入れなどにしまってしまうと、取り出せなくなってしまうことも。わが家は玄関収納が少ないので椅子になるボックスを置き、その中に入れています。

9 子ども用非常持ち出し袋の必要性

親が子どもと一緒にいる時に災害に遭うとは限りません。留守番中に避難することになっても持ち出せるように、また、避難途中にはぐれても必要最低限のものを持たせられるように、成長に合わせて子ども用の非常持ち出し袋を作りましょう。

大人と同じように優先順位を考えて入れていきます。①体の一部になるもの、②避難時に必要なもの、③水や食料。さらにそれらと共に避難先で少しでも落ちついて過ごせるように、**その子にとって欠かせないもの**を入れておきましょう。たとえば、お気に入りのぬいぐるみやタオルなど。家族にしか分からない、なくてはならないものがあるお子さんもいるのではないでしょうか。

子どもの非常持ち出し袋は**子どもと一緒に用意することが大事**です。中に何が入っているか、子ども自身が把握しておく必要があるからです。

「おもちゃとお菓子を入れるとしたら何がいいかな?」子どもとそんな会話から始めると、前向きに取り組んでくれるかもしれません。その際のポイントとしては**音の出ないおもちゃ**。周りの迷惑にならないように、お絵かきセットや本など子どもの好きなものを選びましょう。また、**お菓子は、自分で開けて食べられるもの**。開封しづらいものや、普段食べたことのないものは避けましょう。

避難中、はぐれてしまう恐れを考え、その際にできるだけ困らないよう「SOSカード」を入れておくことをお勧めします。これはパパ・ママも一人1枚持っておくと良いものです。

10 子どもも大人も、一人1枚「SOSカード」を作ろう！

見知らぬ人に、子どもや夫の特徴をどのくらい明確に伝えることができますか？ 髪の毛は黒くて、背は何センチくらいで……。なかなか難しいですよね。そこで、写真があると役立ちます。スマホは充電が切れてしまう恐れもありますので、プリントしたものをご用意ください。東日本大震災の時も行方不明の方を探す時に、「写真があれば良かった」という声を聞きました。

まず、最近の**家族写真**を用意します。その裏に家族の情報を記載していきます。名前、性別、生年月日、血液型、住所、電話番号、学校や幼稚園・保育園の名前と住所、連絡先、そして家族の名前と電話番号など（左イラスト参照）。

次に、写真と同じくらいのサイズの別の紙を用意します。ここには、子どもの特徴を書いていきます。とくに書いておいたほうが良い特徴は、**アレルギーの有無や、薬の服用について、障がい**などです。見つけた方がサポートしやすいように、**好きな食べ物、好きなキャラクターやおもちゃ**も書いておくと良いでしょう。

そして、連絡がつかなかった時のために、**指定避難場所や避難所の情報も**。避難先を決めておけば、そこで落ち合えるかもしれません。さらには**「発災時サポーター」**と呼んでいるのですが、**よく遊びに行く友達の保護者や近くに住むママ友の連絡先**を書いておきましょう。友達には何かあっ

た時は、サポートしあおうと話し、子どもにもそのことを伝えておきます。

さらに**遠方の親戚**の連絡先を。災害時、被災地域内では連絡がつかなくても、離れた地域には電話がつながったということもありました。

これらの情報を書いた写真と紙を、100円ショップなどでも売っているカードに入れたり、ラミネート加工したり、防水対策をすれば完成です。

ポイントは家族みんなで話し合いながら作ること。避難所の場所を書く時に、「地震だったらここね」「水害だったらここかな」と考えることで、家族の共通認識も生まれます。また、年に1度、七五三や年賀状用に家族写真を撮ったタイミングでSOSカードを作り直し、写真や情報をアップデートすることで、防災の見直しのチャンスにもなります。私は毎日このカードを持ち歩いています。

11 車中泊への備えとは

車がある方は、車での避難、車中泊を検討している方もいると思います。災害時、車を活用するためにはあらかじめ準備が必要です。アウトドア防災ガイドの第一人者、あんどうりすさんに伺いました。

Q 車避難を考える場合、まず大切なことは何ですか？

２０１９年台風19号で水死とされた方のうち３分の１が**車の中で亡くなっていました**（毎日新聞２０１９年10月17日）。車であれば、歩けないような道でも避難できそうに思えますが、夜道で水没した道は、ヘッドライトに照らされるとまっすぐ平らな道に見えてしまったり、途中で道がない場合でも雨で判断できなかったり、タイヤの３分の１くらいから電気系統が使えず、停止したまま水没してしまうなどリスクがあります。**明るいうちに、雨がひどくなる前に決断して安全な場所に逃げることが大切**です。

Q あんどうさんは車中泊するためにどんな備えをしていますか？

①場所 ②睡眠 ③断熱、この３つの備えが大切です。

①まず、**場所選び**です。避難する場所が低い土地、浸水や洪水、土砂災害、盛り土、ブロック塀が倒れるなど、災害に弱い場所であっては危険です。**安全な場所に避難**してください。水道やトイレのある場所が便利ですが、災害時は使えなくな

ることもあるので、携帯トイレを車にも備えましょう。私は、縦型の小型テントで災害時トイレになるものを積んでいます。

②は睡眠、**寝る時にフラットな状態を作り出すことが大切**です。座ったまま寝るのは、エコノミークラス症候群の危険があるのはもちろんですが、快適ではありません。災害時はガマンしなければと思いがちですが、災害関連死などの二次災害を生みださないためにも、**快適さを追求するのは重要なこと**なのです。シートを倒すだけで水平にならない車であれば、隙間に緩衝材やクッションを詰めてベストな方法を事前に探求しておくのが成功のポイントです。

③**断熱**も重要です。クルマは熱しやすく冷めやすい熱伝導率のいいガラス・鉄が多く使われています。そのため、冬場は、テントよりも寒くなり、夏場、エアコンを切った車内は50度を超えることもあります。断熱マットを寝床の下、フロントガラスを含む窓の部分と、ドアなどの鉄の部分にも貼ることをお勧めします。目隠しにもなってくれます。私は、車の中だけでなく、状況に応じてテントに泊まれるよう準備をしています。

Q 車中泊の備えをあらかじめ車の中に積んでいる方もいると思いますが、危険なものもあるそうですね？

夏場は、車が50度以上の高温になることもあるので、車内に置いておけないものがあります。たとえば、カセットガス、着火剤など。スマホの放置も危険です。常温設定の食べ物を放置するのも心配ですね。日本産業規格では常温は35度以下としており、中身によって推奨温度も違います。

Q 車中泊を検討している方へのメッセージ

熊本地震では**災害関連死とされた方の中に車中泊をされていた方も**いらっしゃいました。災害が起こってからの車中泊は心労も著しく、車をフラットにする余裕もなく、資材もないため、ついつい無理してしまいがちです。災害当日に実践するのは、命に関わるのでお薦めできません。アレルギーのあるお子さんで訓練として車中泊されただけで、お風呂に入ったにもかかわらず肌の状態が悪化した子もいらっしゃいました。体調がよい時であっても何が起こるかわかりません。でも、事前の練習であれば、寒いと思ったら部屋に戻ることも病院に行くことも可能です。どんなトラブルが起きるのか事前にわかると、次の練習は対策をとることができます。庭先車中泊や、キャンプ場車中泊など楽しみながら経験してください。積み重ねた経験は自分を裏切りません。**普段からやっていないことは災害時できない**というのが、過去の災害の教訓です。

あんどう りす
2003年子どもを出産した際、ママ友に阪神・淡路大震災の経験とアウトドアのスキルを伝えた事から赤ちゃん防災を提案。子育てバックの中身は防災に役立つ、ヘッドランプは遊びにも使えるなど具体的な技を紹介してきた。

第6章

子どもの未来を守る!
「毎日」できること

1 毎日持ち歩こう！ 防災ポーチ

災害は、自宅にいる時に起こるとは限りません。首都直下地震では、帰宅困難者が、東日本大震災での515万人を上回る、800万人になると想定されています（「首都直下地震の被害想定と対策について」）。外出する時は、**ママバッグと合わせて抱っこ紐、防災ポーチも持ち歩いておくと安心**です。

▼ママバッグ

実は、ママたちは、普段の生活で子どもたちに欠かせないものを持ち歩いています。オムツやおしりふき、ゴミ袋。手口拭きに飲み物におやつ。母乳の方は授乳ケープ、ミルクの方は粉ミルクセットなど、災害時、避難する時にも役立つものばかりです。

では、そのママバッグ、いつ中身を補充していますか？ 私は、「ただいま〜」と帰宅し、手を洗った後すぐ、補充しています。これには苦い経験があります。

ある日、ほっと一息ついた夜10時ごろ。突然、火災報知器が鳴り始めました。慌てて息子を抱き上げ、一刻も早く逃げなければと、そばにあった抱っこ紐とスマホだけを持って、家から飛び出し、必死でマンションの1階まで降りたのでした。母子手帳など大切なものが入っているママバッグは、その日に限って中身は空っぽ、玄関にも置いていませんでした。結局、火災報知器の誤

\ 災害時も役立つ /

ママバッグ・リュック

いつものママバッグ

- ☑ オムツ・おしりふき
- ☑ ゴミ袋
- ☑ 飲み物・おやつ

母乳の方　授乳ケープ

ミルクの方　ミルクセット
134ページ参照

\ おすすめの /
補充のタイミング

帰宅してすぐ！

\ ポイント /
少しタタめに入れる

非常時にも安心！

防災ポーチ

毎日のママバッグに防災ポーチを

抱っこ紐もあると安心

- ☑ 携帯トイレ
- ☑ ポケットティッシュ
- ☑ 防寒保温シート
- ☑ カイロ
- ☑ 生理用ナプキン
- ☑ ウェットティッシュ
- ☑ マスク
- ☑ 絆創膏
- ☑ ホイッスル
- ☑ プチライト
- ☑ SOSカード

など

作動によるものでしたが、子どもを抱えての避難の大変さ、いざとなってから準備する時間はないことを痛感した出来事でした。

過去の災害で被災された方も、「避難に必要なものを準備しておらず、あれこれ荷物を用意しているうちに状況が急変して、命の危険に晒《さら》された」とお話されていました。非常持ち出し袋と一緒に持ち出すママバッグも、常に準備万端になるように補充しておくことをお勧めします。**ポイントは、ママバッグの中身の補充は帰宅したタイミングで、非常時を考え少し多めに入れる！** です。

▼抱っこ紐

とくに徒歩で帰宅できないような場所に行く時は、**必ず抱っこ紐も携帯**しておきましょう。災害時、ベビーカーや自転車は使えません。**抱っこ紐を使い**、体に密着させるように抱っこして安全な場所へ避難しましょう。ポイントは子どものおでこにキスができる高さ。高い位置で抱っこすると、重心が高くなり、疲れにくく体にもフィットしやすいと言われていますので、普段の抱っこでも意識してみてください。

▼防災ポーチ

防災ポーチの中身は、私は**エレベーターの中に24時間閉じ込められても生き延びることができるように**、という基準で選んでいます（221ページのチェックリストを参照）。マイボトルやバッテリー以外の重さは200グラム程度。大きさもA5ノートサイズ程度です。急に生理になってしまった時や充電切れなど日々の生活にも役立つものばかりです。ホイッスルは鍵にもつけています。外出する時は必ず携帯できるのでお勧めです。

▼日常でも災害でも役立つアプリ

「普段使っていないものは使えない」たとえば、スマートフォンのアプリ。災害時に役立つアプリも常に入れておき、雨が降った時、知らない土地に行った時など、日常でも使うことが大事です。

私は**「NHKニュース防災」**の雨雲データマップを参考に外出したり、**「radiko《ラジコ》」**で家事中や移動中にラジオを聞いたりしています。**「NHKプラス」**を使えば、NHKのニュースなどを映像でも観られます。緊急地震速報なども伝えてくれる**「Yahoo! 防災速報」**は、住んでいる自治体を登録しておくことで、プッシュ通知で防犯情報も教えてくれ、日常生活でも役立ちます。また、実家のある自治体なども登録できるので、離れていてもその地域で起きていることをピンポイントで知ることができます。その他、Twitterや公式LINEで、国や自治体の一次情報を受け取れるようにしておくことも備えの一つです。

2 防災につながる小さな意識

普段の何気ない行動も備えにつながっています。たとえば、**ご飯をしっかり食べる。十分な睡眠を取る、適度な運動をする、健康な体作りは災害時、生き延びるために欠かせません。**

被災経験のある方に、普段の生活で心がけていることはなんですか？と質問すると、**「ガソリ**

ンは半分なくなったら入れる」、「多めに買って備蓄するようにしている」。そして、物の備えだけではなく、**「近所づきあい」をするようになった**という声もよく聞かれます。

子どもと離れ離れの時に、災害が起きるのが一番不安ではないでしょうか。すぐにでも駆けつけたいのに電車が止まって動けない。そんな時、近所の友人が代わりに子どもを連れて、安全な場所に一緒に避難してくれたら……。どんなに安心でしょう。いざという時に頼れる、そんな信頼関係を築ければと思います。

私もまだまだ新米ママ。公園などでは積極的に話しかけたり、マンションの管理人や住民と挨拶プラスαの会話をしたり。そして、積極的に地域の防災訓練にも参加しています。

防災という視点をプラスすることで、人間関係も変わってくるのではないでしょうか。「防災」＝めんどくさい、お金がかかる、などネガティブなイメージではなく、**人生・暮らしを豊かにしてくれるものと思えると、未来の自分や家族へのプレゼントになっていきます。**

第二、第三のふるさとづくりも災害時に役立ちます。大規模災害の時、地域から離れて広域避難するという選択肢を紹介しましたが、できるだけ多くの候補地を持っておくと安心です。たとえば、素敵だなと思った場所に何度も旅行で訪れるうちに、親戚のように親しくなった人ができたり。私自身は被災地支援に何度も足を運ぶ中で、また会いたい、何かあったら駆けつけたいと思う人と出会えました。

被災地で、どんなことが助かりましたか？　と聞くと、多くの方が、遠方からの支援の話をしてくれます。たとえば、高校時代の仲間が助けに来てくれて、毎日、炎天下で泥かきしてくれた。離れた地域に暮らす友人が、車で食料などの支援物資を運んできてくれた。

物を備えることも必要ですが、それ以上に、人と人とのつながりを大切にすることが、災害時、一番支えになるのではと思っています。

3 サステナブル（持続可能）な生活は、防災にもつながる

実は、地球に優しい、サステナブルな生活は、防災にもつながっています。一つは、**気候変動の問題**。ご存知の通り、地球温暖化で、現時点でも、台風・水害の被害や、熱中症など健康への影響が出ていますが、このまま温暖化が進むと、もっと被害が大きくなると予測されています。どれだけ備えても、それを上回るような自然災害に立ち向かわなければいけなくなるのです。子どもたちの未来を守るためには、この温暖化を止めることが急務です（詳しくは江守正多さんへのインタビュー237ページをご覧下さい）。そして、もう一つは、持続可能な生活をしていると、それが**災害時にも役立つ**ということです。いくつかの例を紹介します。

▼再生可能エネルギー×防災

家庭でできる一番の温暖化対策は、**再生可能エネルギーへの切り替え**です。毎月支払っている電気代。あなたは、どんな方法で作られた電気を

使っているでしょうか。

日本では2016年に電力小売全面自由化し、家庭でも電力会社が選べるようになりました。石炭火力発電など、CO_2を多く出す発電方法の電力会社を選んで使っていると、温暖化を進め、結果的には災害が多い未来へ投資をしていることになります。CO_2を排出しない再生可能エネルギーを選べば、**温暖化を抑え、子どもたちにより良い未来を残すための投資**になります。ただ、再生可能エネルギーなら全て良しというわけではなく、大規模開発などで生態系を壊していないか、地元住民の理解を得られているかなど、様々な視点での確認が必要です。

地球規模での環境問題に取り組むNPO法人FoE《エフ・オー・イー》 Japan《ジャパン》などが運営する**パワーシフト・キャンペーンで**

パワーシフトキャンペーン

は、再生可能エネルギーを重視する全国の電力会社をホームページで紹介しています。地域によって、契約できる電力会社も変わってきますので、ぜひ一度、確認してみてください。再生可能エネルギーによる電力は、**電気料金は従来とほとんど変わらないか、安くなる場合も多い**ようです（電気使用量などによる）。電力会社のホームページで事前に料金シミュレーションができ、切り替えに要する時間は数分程度です。

　電力・ガス取引監視等委員会によると、新電力に切り替えている人は、２０１９年９月時点で２割弱、そのうち**再生可能エネルギー重視の電力会社を選んでいる人は、まだわずか**です。一人でも多くの方が再生可能エネルギーに切り替えることを願います。

　そして、災害時、再生可能エネルギーは非常用電源としても役立ちます。電力の地産《ちさん》地消《ちしょう》、地域で作った電力を地域で使う、自立分散型のエネルギー社会は、災害時の長期間の大規模停電を防ぐことにもつながります。これまでの災害でも、公共施設に設置された再生可能エネルギーの発電設備と蓄電池が活用され、被災地域の復旧に活かされてきました。それぞれの家で発電し、その電力を使えるようなシステムが導入できれば、災害にも強い家、地域となっていきます。

▼雨水×防災

　雨水の利用も一つです。一般家庭でも、**雨水タンクや集水ネットを使って、雨水を溜めることができます**。１坪（２畳）に降る雨の量は、１年間で５６１０リットル、**２リットルのペットボトルおよそ２８００本分！**（年間降水量１７００ミリとして計算）庭の草木の水やり、洗車など、生活用水として利用すれば節水できます。

また、その雨水で打ち水などをすれば、**夏場の温度上昇を抑える**ことができます。実は、**水道水を使うことでもCO_2は発生**しています。浄水、供給、下水処理のポイントで電力が必要となるためエネルギーを消費し、CO_2排出につながっています。水道水を使わないことは、**温暖化対策**にもつながるのです。

「ライフポイント」という言葉をご存知でしょうか。「ライフライン」電気・ガス・水道などインフラが寸断されても、「ライフポイント」つまり各家庭でそれを生み出す方法があれば、代替となります。前述した再生可能エネルギーのように、水も、それぞれの家で雨水を溜める仕組みがあれば、**災害時、水道水の代わり**に使うことができます。トイレの流し水、洗濯、お風呂、また浄水ボトルを使えば緊急時の飲用水としても利用できます。水害時の掃除、消火などにも使えます。

さらに、降った雨を各家庭で一時的に溜めたり、雨水浸透、雨水を地下に染み込ませることができれば、河川や下水道へ流れ込む雨を減らし、**都市型洪水の軽減にも効果を発揮**することが分かっています。国土交通省でも「流域治水」、流域に住む人全員が治水に参加する方法を推進しています。

福岡大学の渡辺亮一教授の実験では、家の敷地に降った雨をその敷地内で溜め、使用、浸透することができると実証しています。ゲリラ豪雨などの集中豪雨、気候変動の影響を踏まえた水害対策として、注目されているのです。

２０１４年、雨水の利用の推進に関する法律が施行されました。公共施設や大型のビルなどで

は、雨水利用、雨水浸透に取り組んでいる例もありますが、一般家庭ではまだまだ知られていないのが現状です。**雨水タンクの購入などに助成金を出している自治体もある**ので、ぜひ調べてみてください。

東京都に降る雨の量は、東京都民が使う水道水の量より多いというデータもあります。天からの恵み、雨を賢く活用する方法が広がり、そのことが水害の抑止につながることを願います。（取材協力：〈公社〉雨水貯留浸透技術協会）

▼毎日の食事×防災

私たちは、毎日何かを消費しています。その一つひとつが地球に対してどのように負荷をかけているのか、そのような視点を持つことも大切です。

毎日持ち歩くものに、**マイボトル**を入れましたが、ペットボトルではなく、マイボトルにしています。ペットボトルなどのプラスチックは石油から作られるため、製造の過程でも、輸送やゴミとして燃やす時にも、**温暖化の原因となるCO_2を排出**しています。さらに、**このプラスチックによる海洋生態系への汚染が**深刻です。このままでは、2050年には、海中のプラスチックゴミの量が魚の総重量より上回るという試算もあります。私たちは、毎週クレジットカード1枚分のマイクロプラスチックを食べているという研究結果もあります。防災グッズも脱プラスチックの時代が来て欲しいと願います。

そして「フードマイレージ」食料の輸送によって発生するCO_2の問題。国産なのか?　それとも輸入されたものなのか?　**地産地消**のものを選ぶことで温暖化を抑えることにもつながり、さらには**地域の農家さんを応援でき、日本の食料自給率の問題にも貢献**できます。地域に食料の生産現場があれば、**災害時の備蓄の役割**も担えます。

東日本大震災で取材した方々からも、物流がストップした際、「近所の畑の野菜をもらえて助かった」と聞き、地域に生産現場があることの重要性を感じました。また、田畑は保水能力もあるので、**豪雨対策**にもつながります。(土と災害について、詳しくは、次のページ「生ごみコンポスト×気候変動×防災の可能性」のコラムへ)

地球に優しい生活は、究極の防災。一人ひとりが意識して生活することが大事だと思っています。「サステナブル防災」を始めてみませんか?

特別コラム

コンポスト×気候変動×防災の可能性
「生ごみコンポストがトイレになる」

▼「生ごみ」の現状

日本のゴミ処理費は、年間およそ2兆円（環境省）、その半分、8000億円から1兆円が食べ物ゴミの処理費という推計があります（日本フードエコロジーセンター）。量にすると、**日本国民が1年間に食べている、お米の量と同じくらいの生ごみが出ている**という衝撃的な数字です。しかも、生ごみは水分が80％。**ゴミとして燃やすと焼却場の負担**になります。その生ごみを、堆肥《たいひ》として土に返すことができれば、**ゴミ処理費用の大幅な削減**、そして、**二酸化炭素の削減**、気候変動対策につながります。

▼「自然環境」の現状

生ごみの堆肥化、コンポストを広めようと20年以上取り組まれている、ローカルフードサイクリング㈱・循環生活研究所のたいら由以子さんに、コンポストと防災の可能性について伺いました。

「今の社会は、自然とのつながりが見えにくくなってしまいました。昔は、田んぼや畑があって、水を貯める機能が高かったのですが、**アス**

画・たいら由以子

ファルト化して保水機能が低下し、町の中でも災害が起きるようになりました。山の麓《ふもと》を見てみると、昔は広葉樹で、落ち葉、腐葉土が大量にあり、それにより空気の層を作って水や栄養を溜め込むことができ、土砂崩れが起きにくい土地を保っていたのです。しかし、早く木が大きくなるようにと針葉樹を植えたこと、そして、実際には海外の安い木を輸入して使ったことで、人が里山に入らなくなり、山が荒れてしまいました。木の間引きをしなくなったことで根元に日が差さない、落葉も減って腐葉土が減り、暗い林で生態系も壊れたことから、土砂崩れが起こりやすい土壌になったのです。**山の防災機能も弱まってしまっている**のが現状です」

▼「食」の現状

たいらさんは、この自然とのつながりが弱まったことは、日々の「食」にも影響していると言います。

「雨が降ったら、山を通して何十年もかけて湧き水になり、川になります。昔は、腐葉土がたくさんあったので、その中の栄養を、雨とともに山から海まで運んで、豊かな海を育《はぐく》んでいました。**人間による開発で都市化が進み、海に流れる栄養がだんだん少なくなってしまったことと、石油由来の科学的なもの、ビニールやプラスチックが流れていることで、今後、魚が食べられなくなるのでは？** という予測も出ています。マイクロプラスチックの問題も指摘されていますが、小さくなった人工物が魚や人の体の中から見つかっています。消費者のニーズから、野菜を早く大きくするために化学肥料を使ったり、虫喰いの野菜が嫌だと農薬を使ったり、遠くから資源が来るようになって、結果的に**安全な食から遠ざかっていった**のです。生き物は死んだら土に戻っていたわけで、その骨の中にある、リンとかカルシウムは土の栄養として戻って行ったのです。持続可能な地球にするためには栄養の循環が必要なのですが、昔に戻すのは難しい、昔の良いところを取り込むにはどうしたらいいのかと考え続けてきました」

▼「生ごみコンポストの可能性」

たいらさんは、堆肥、コンポストを生活の中に取り入れることで、自然の循環について考えるきっかけになればと考えています。

「都市部には資源があって、お金、人、知恵、情報、そして**最大の資源が生ごみ**だと思っています。それを都会で堆肥化することが大事なのではないかと。都会の人たちがコンポストを混ぜ始めると、土のことをイメージしたり、野菜のことが気になったり。スーパーで買って食べて捨てるというサイクルから、**捨てないでコンポストに入れる、一つ駒を進めることで世の中が変わるのではないかと信じています**」。

2020年1月、都会のマンションのベランダでもできる「ＬＦＣコンポスト」が発売されました。おしゃれなフェルトのバッグの中に、「基材」と呼ばれる土が入っています。お米の殻を炭にしたものなど全て**自然素材**でできていて、微生物が住みやすい60、70％の水分を常に保ち、でも臭いが出ないように、排水性と保水性が良いものを**20年以上かけて研究開発**したそうです。

「自然界のサイクルはゆっくりで100年で1センチしか土ができませんが、**人間がお世話をすることで、微生物の力を活用し、短時間で分解することができます**」とたいらさん。

私もこのコンポストを使っていますが、食べ残しや野菜の皮がみるみる分解されて土になっていく様子は面白く、生ごみストレスの解消だけでなく、持続可能な暮らしに向けて毎日取り組めていることに嬉しさを感じています。コンポストと一緒に、そこでできた堆肥を使って、家庭菜園、屋上菜園など、**循環の輪が広がることを期待**しています。「コンポストは一緒に取り組めるコミュニティを作ることが大事です。防災とは相性がいいと思っています」ということでした。

▼災害時のトイレ問題も解消⁉

災害時、ゴミの回収が止まるという話を前述しましたが、そのような状況でも、**コンポストがあれば、生ごみの臭いに悩まされることもありません**。さらに、臭いの問題で懸念があるのが、トイレゴミ。第４章で触れましたが、災害時、簡易トイレを使用し、そのゴミを長期間、自宅で保管するというのは、限界があります。たいらさんに相談すると、この上ない答えが返ってきました。

「**このコンポストに、人間の排泄物を入れても大丈夫です**よ。人間の便は、大腸菌などの強い菌があるので、普段は入れないでほしいですが、災害時はコンポストトイレとして使うのはアリだと思います。分解が進めば入れても入れても増えないので、量にもよりますが一定期間、使えると思います。ダンボール箱など、通気性が良いと分解速度が速くなり、**臭いもなく汚い感じもなくなっていきます**」とのことでした。

段ボール箱の中に基材を直接入れて、その上に便器の代わりになるものを置けば、そのままトイレとしても使えるそうです。コンポスト基材は何年でも保管できるようになっているそうなの

都市部の保育園や屋上菜園でもコンポストの取り組みが広がっています

で、毎日、生ごみコンポストとして使用するものを1つ。そして、ストックとしてもう1つ、基材を備蓄しておけば、災害時のトイレ問題も解消できるかもしれない。家にコンポストがあることの魅力がまた一つ増えたのでした。防災も持続可能であることが大切だと思っています。そのためには**普段使えるものをいかに災害時も活用できるか**。温暖化対策、地球とのつながりを考えるきっかけにもなり、さらに防災グッズとしても使える。

一家に1つコンポスト、そんな時代が来ると嬉しいですね。

◎取材協力：たいら由以子さん
ローカルフードサイクリング代表
NPO法人　循環生活研究所理事
大学で栄養学を専攻。証券会社に勤務。第1子を授かった直後、父の3カ月の余命宣告。食養生による看病がきっかけで土が病んでいることに気づく。都市部でコンポストによる栄養循環をつくることで、持続可能で安全な食の実行可能性があることに気づき、平成9年よりコンポストの普及研究を開始。その後、NPOを設立し全国およびアジアに普及。半径2キロ圏内の栄養循環づくりに生涯をかけている。

専門家インタビュー

私たちは、地球温暖化を止める最後の世代！

「社会を変えるメッセージとは」

◉……国立環境研究所　**江守正多**

日本を代表する気候変動問題の専門家、国立環境研究所の地球環境研究センター副センター長、江守正多さんに地球温暖化がもたらす影響、そして私たち一人ひとりができることを伺いました。

■地球温暖化とは？

奥村：そもそも地球温暖化とは何でしょうか？

江守：結構、簡単そうで深い質問ですよね。**世界の平均気温が長期的に上昇している**のが、現象的に言うと**「地球温暖化」**です。**「地球温暖化問題」**と言う時には、なぜか上昇しているというのではなくて、**人間活動が主な原因で上昇している**というところまで含めてです。地球から赤外線という形で熱が宇宙に放出されるのですが、それを逃げにくくするような大気の成分「温室効果ガス」が人間活動によって増えていると。一番大きい原因はCO_2、二酸化炭素です。それが増えること

世界の平均気温の変化

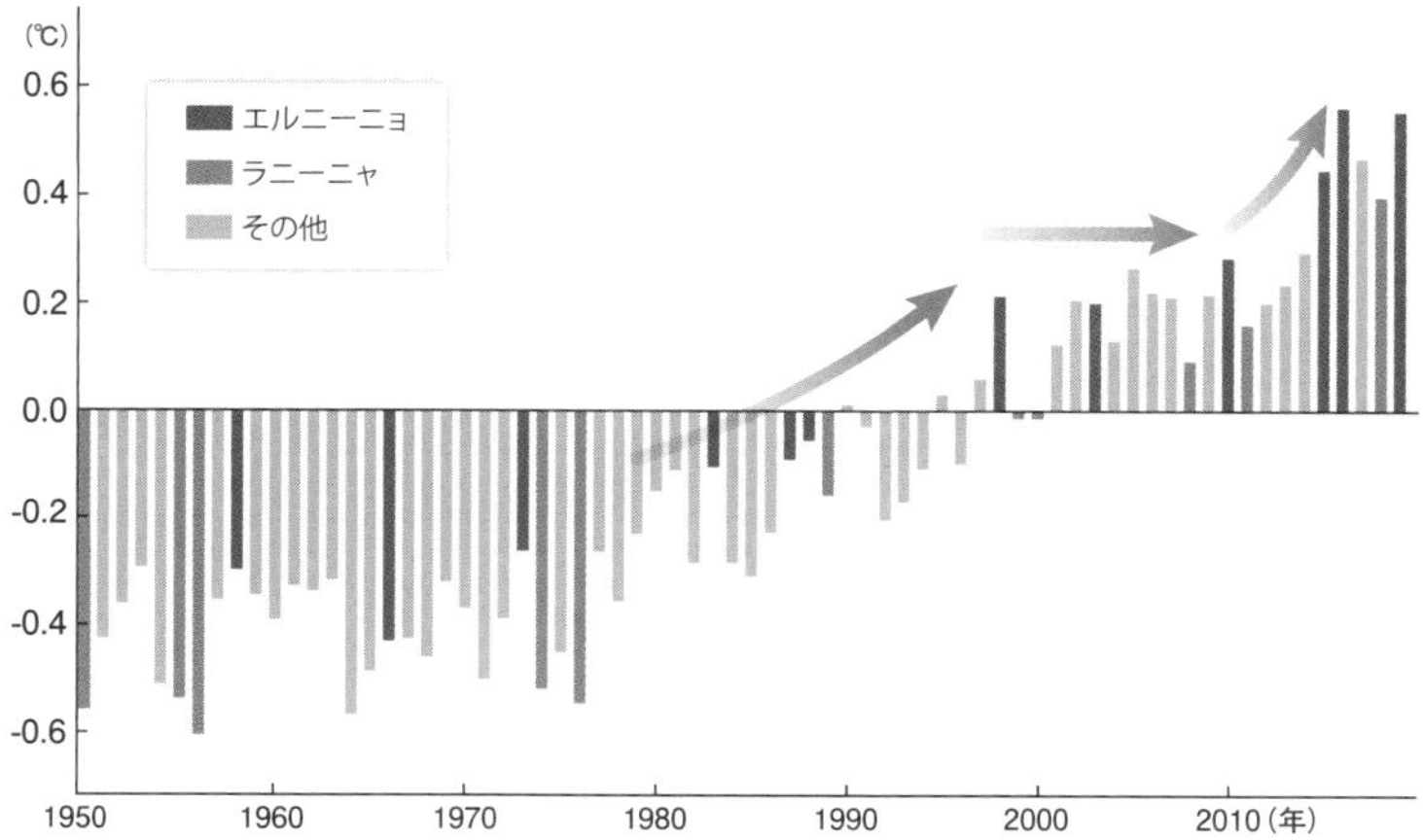

World Meteorological Organization (2017) に加筆

によって、地球にだんだん熱がたまっていくような状態になって、気温が長期的に上昇する。長期的にとわざわざ言っているのは、短期的には気温というのは自然の仕組みで、勝手に上がったり、下がったりしますが、長い目で見ると、どうも確実に上がってきているなと。そういうのを「地球温暖化」と呼んでいるのです。

奥村：温暖化は人間の活動が原因、これは間違いないと思っていいのでしょうか？

江守：そうですね。IPCC（気候変動に関する政府間パネル）の2013年の報告書では、**「人間活動が主な原因である可能性が極めて高い、95%以上の可能性だ」**という少し慎重な言い方をしていますが、因果関係などを考えると、**僕は間違いないと言ってもいい**と思ってます。

排出されているCO_2の大部分、8割9割くらい

20世紀半ばの世界平均気温上昇の半分以上は人為起源要因の可能性が極めて高い（95％以上）

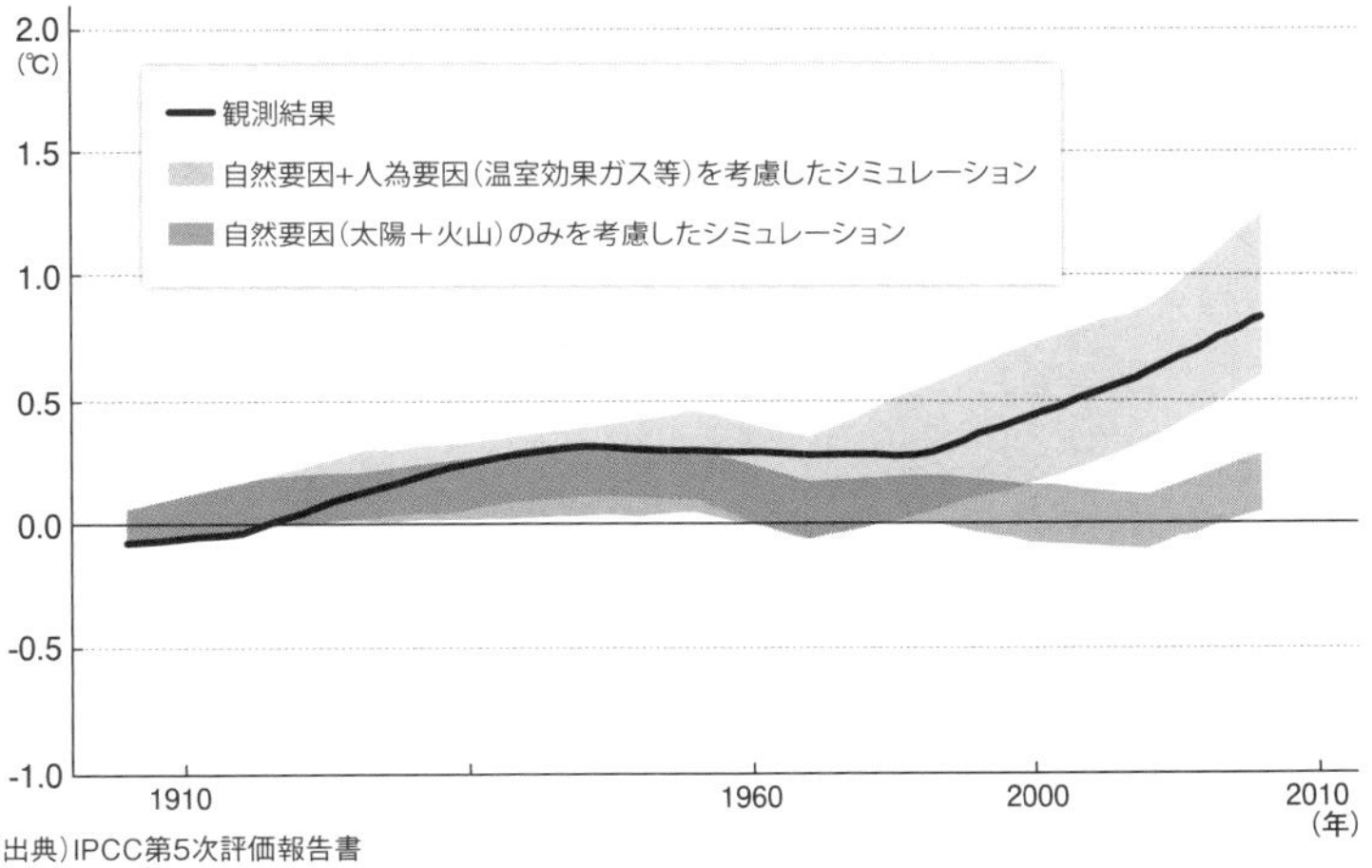

（出典）IPCC第5次評価報告書

は化石燃料です。化石燃料を燃やして発電したり、車や飛行機、工場を動かしたりという人間活動によって放出されています。**1割2割が**土地利用変化という言い方をしますが、**森林伐採など**です。

二酸化炭素が人間のせいでどれくらい増えたかは分かっていて、どれくらい温度が上がるかは科学的に計算できます。これまで実際に上がってきた温度と大体一致しているのです。つまり、説明ができる大きさということです。別の見方をすると、他に説明できそうな原因が見当たらない。たとえば、太陽活動が地球の温度に影響しているのではとよく言われますが、最近、太陽活動は弱まっていて、地球に入ってくるエネルギーも、少し減っているのですが、気温は上がっていますよね。だから太陽だと説明できないし、他に説明ができるような原因は考えられないのです。

■温暖化の現状と予測

奥村：今現在、地球の温度はどのくらい上がっているのでしょうか？

江守：人間活動が化石燃料を燃やしていなかった産業革命前というのが起点になるんですが、**産業革命前と比べて世界平均気温**で約1℃。**最近は１・２℃くらいすでに上がっている**ということです。場所によって違いはありますが、地球全体で平均して1℃ちょっと上昇です。

奥村：日本はどうなのでしょうか？

江守：日本も1℃ちょっとくらい上がっていますね。日本だと産業革命前からという言い方はあまりしないですが、**日本も過去１００年で１・３℃くらい上がっています。**

奥村：近年の猛暑もやはり温暖化の影響なのでしょうか？

江守：そうですね。暑い夏が来たり、暑くない夏が来たりというのは昔から起きていて、それはその年の気圧配置の特徴で昔もすごく暑かった夏もありましたが、最近は、温暖化の1℃分がそれに常にプラスされているわけです。**暑い夏のパターンになった時は、温暖化の上乗せ分だけさらに暑くなるので、記録的なものが出やすくなる、あるいは猛暑日の日数が多くなっている**んだと思ったらいいと思います。

奥村：だから最高気温更新というニュースも出てくるわけですね。このままだと、どうなってしまうのでしょうか？

地球の気温はこれからどうなる？（1950〜2100年までの気温変化の観測と予測）

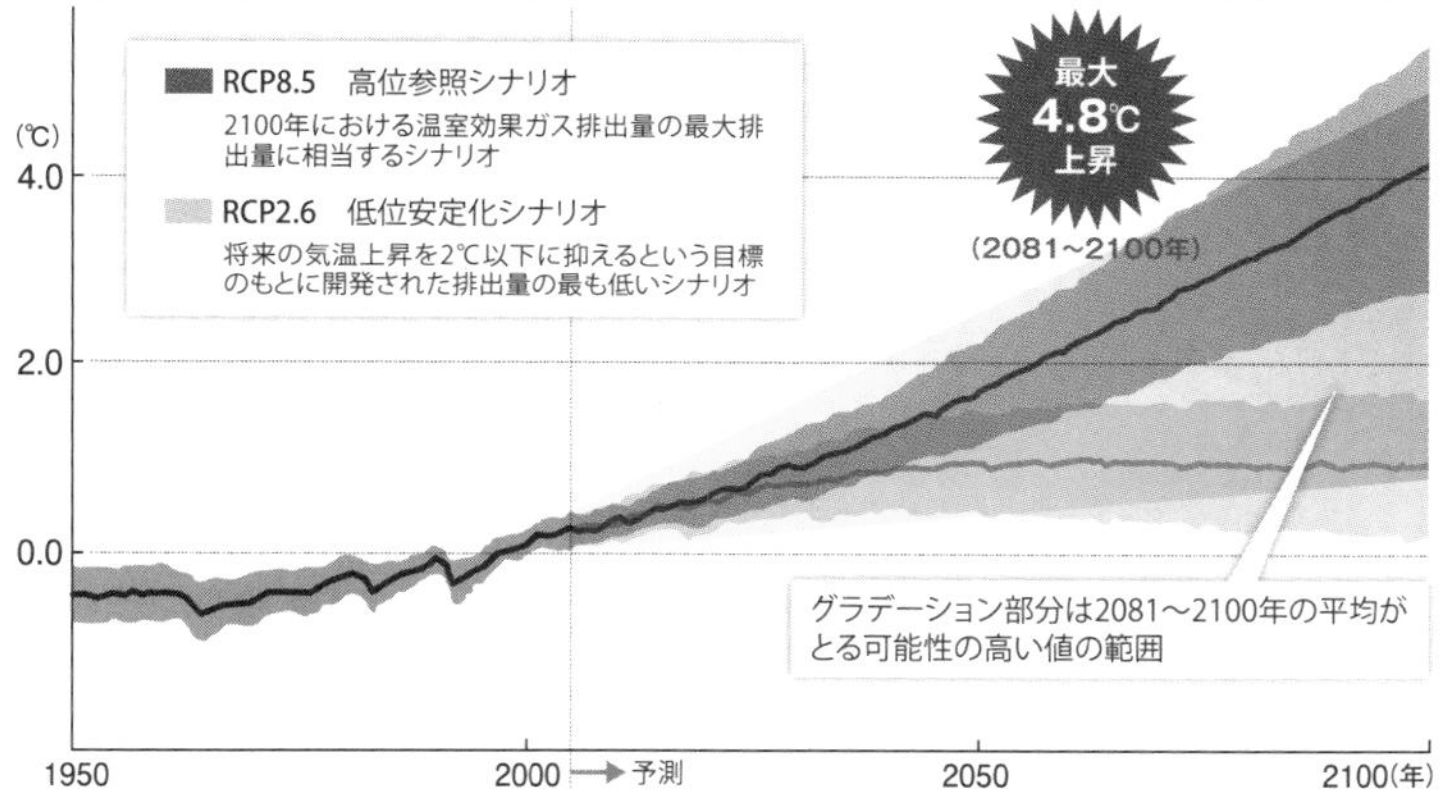
RCP8.5　高位参照シナリオ
2100年における温室効果ガス排出量の最大排出量に相当するシナリオ
RCP2.6　低位安定化シナリオ
将来の気温上昇を2℃以下に抑えるという目標のもとに開発された排出量の最も低いシナリオ
最大 4.8℃ 上昇
（2081〜2100年）
グラデーション部分は2081〜2100年の平均がとる可能性の高い値の範囲
(℃)
4.0
2.0
0.0
1950
2000
予測
2050
2100(年)

※2005年以降の予測部分は1986〜2005年の平均値を0.0℃とした。黒いグラフは42、RCP8.5のグラフは39、RCP2.6は32の気候予測モデルの平均値。それぞれのグラフの陰影は年平均値の標準偏差の範囲を表す。

（出典）IPCC第5次評価報告書 WGI Figure SPM.7(a)

江守：**対策をしないと今世紀末に4℃くらい**という言い方をよくします。最悪のシナリオとして、人口も増え、世界で化石燃料を使い続け、CO_2の排出量をさらに増やし続けてというケースが4℃くらいという予測ですね。今、世界中でいろいろな対策が始まっていますが、**パリ協定で約束している目標を全部実現しても、産業革命前と比べて3℃前後上昇**と言われています。今、各国が約束しているよりも、もっと対策しないといけないという状況です。

奥村：パリ協定では、2℃より十分低く保つとともに1・5℃に抑える努力を追求するという目標ですが、1・5℃を超えると何が問題になってくるのでしょうか？

江守：1・5℃を超えたところで急に何か起きるわけではないです。1・4℃だったらセーフで、1・5℃だったらアウトという話ではなく、**いろいろ**

将来の主要リスクとは?

1	海面上昇・高潮	沿岸、島しょ部
2	洪水・豪雨	大都市部
3	インフラ機能停止	電気供給、医療などのサービス
4	熱中症	死亡、健康被害
5	食料不足	食料安全保障
6	水不足	飲料水、灌漑用水の不足
7	海洋生態系損失	漁業への打撃
8	陸上生態系損失	陸域および内水の生態系損失

(出典)IPCC第5次評価報告書 WGII

な影響がだんだん悪くなっていきます。たとえば、暑さですよね。**熱波による健康被害、極端な大雨、強い台風、海面上昇、食糧や水の問題、生態系の問題、山火事**など。今すでに、30年前と比べると酷くなっているわけですよね。**0・1℃でも温暖化すれば、その分だけちょっと悪くなっていく**わけです。

1・5℃というのはある意味通過点ですが、象徴的に言われるのは、たとえば、サンゴ礁の白化とか死滅です。すでに進んでいて、**1・5℃の温暖化で、熱帯のサンゴの7割から9割が失われる**と考えられています。**2℃温暖化してしまうと99%以上は失われる**と。つまり、ほぼ全滅であるということ。

少しでも手前で止めたいですね。

また、**ものによっては、ある温度を超えたところで、急激で元に戻せないような変化が起きるこ**とがあり、心配されています。これを「ティッピング」と言います。何℃で起きるとははっきりは言えないのですが、たとえば、グリーンランドの場合は、1・5℃くらいで臨界点を超え、氷が溶けるのが止まらなくなる。そういうスイッチが入ってしまう状態が起きるかもしれないと言われています。

奥村：氷が溶けだしてしまうのが止まらなくなると、どういった影響があるのでしょうか？

江守：まず**海面上昇**ですよね。今すでに世界平均の海面水位は20センチくらい上がっています。グリーンランドの氷が溶けるのが止まらなくなると、最終的にはほぼ全部溶けると、それだけで**海面が6〜7メートル上昇する**と言われています。全部溶けるには時間がかかりますが、その引き金をそろそろ引いてしまうかもしれないということですよね。**今世紀中にも1メートルくらいは上がる恐れ**があるので、**沿岸域や小さい島国はとても深刻な問題**です。日本でも沿岸の地域、たとえば東京や大阪など標高の低い沿岸部は海岸線の形が変わってしまいます。

■日本への影響は？

奥村：今の時点で、日本への影響はどういったものが考えられるのでしょうか？

江守：一番わかりやすいのは、**熱波、豪雨、強い台風**ですね。２０１９年の台風15号で千葉県では大停電が起きましたが、とくに風が強かった。そのあと台風19号が来て、今度は雨がすごくて各地で浸水しましたが、そういう災害がさらに増えるというのが一番わかりやすいイメージだと思います。

これも長期的な傾向で、短期的には大雨が多い年と少ない年と、ランダムに来ますが、すごい低気圧が来たら、気温が高くて水蒸気が多い分だけ、上乗せで大雨が降ります。長期的には、気温が

気温上昇シナリオによる将来予測

	2℃上昇シナリオによる予測 パリ協定の2℃目標が達成された場合	4℃上昇シナリオによる予測 現時点を超える追加的緩和策をとらなかった場合
日降水量200mm以上の年間日数	約1.5倍に増加	約2.3倍に増加
1時間降水量50mm以上※注の頻度	約1.6倍に増加	約2.3倍に増加
日降水量の年最大値	約12%（約15mm）増加	約27%（約33mm）増加
日降水量1.0mm未満の年間日数	有意な変化は予測されない	約8.2日増加

※注）1時間降水量50mm以上の雨は「非常に激しい雨（滝のように降る）」とも表現され、傘はまったく役に立たず、水しぶきであたり一面が白っぽくなり、視界が悪くなるような雨の降り方のことをいう。

（出典）日本の気候変動2020　文部科学省・気象庁

上がるほど、より強い、記録的な大雨が出やすいというのは間違いないです。

昔とは気候が変わっていて、**「昔の常識は通用しない」**ということです。2018年の西日本豪雨で、岡山県でお年寄りが、「ここは大丈夫だよ。こんな洪水になったことがないから」と言って逃げなかったら、大洪水になってしまったということがあって、「昔の常識は通用しません」ということをよく耳にしました。このままいくと、今度は、今の常識が30年後には通用しなくなっていくんですよ。**毎年、常識が通用しなくなり続けると考えなければいけません。**

奥村：備えるほうも難しくなっていきますよね。

江守：そうです。日本の防災の考え方も、最近、政府の方針も変わってきて、今までは過去の統計を基に「100年に一度」の極端な、ごくまれに降る大雨はこんな強さです、それに備えるように堤防を作り

ましょうなどと言っていましたが、今は、温暖化でさらに上がっていくことを考慮に入れたうえで、対策しなくてはいけないという考え方になってきています。

奥村：未知のものに対して備えるということになりますよね。

江守：経験としては未知ですけども、予測はできますので。前もってそうなるもんだと思って備えていくということがこれから求められていきます。

現在の状態で、**２００年に一度の大雨が首都圏に降ると、利根川や荒川などが氾濫して、首都圏が水没するリスクがあります**という話です。江戸川区のハザードマップに「ここにいてはダメです」と書かれていますが、そういう状況になったら溢れてしまうので、予報が出たら、他の自治体に逃げてください、ということをはっきりと言わなければいけないくらい、防災関係者は、危機感を持っています。「自分は200年も生きないから関係ない」と思うかもしれませんが、別の言い方をすると、**200分の1の確率で毎年起き得ること**なんです。200分の1ってそんなに小さくないですよね。ここから先が温暖化の話で、今200年に一度と言っている大雨というのは、**温暖化が進んでいくと、150年に一度になって、100年に一度というようにだんだん確率が上がっていく**わけですよ。こういう恐れが徐々に増えていくわけですよね。気温がこのまま上がっていくと、より強い雨が降りやすくなるということ自体は誰でも理解できることだと思いますので、そういう前提で考えてくださいということですね。

■私達にできることは?

1　個人の意識を変えよう

奥村:私たちの世代としては、温暖化を止める方向で活動していくことが求められていると思うのですが、できることはどんなことだと思いますか?

江守:そのうち**CO_2の排出がゼロで社会が発展していくようになるということを理解し、イメージすること**だと思います。つまり、普通に生活をしていると、いろんなところからいっぱいCO_2が出ているわけですよね。電気を使えば発電所から、車に乗ればエンジンから、CO_2が出るのは仕方がない、これが今の常識なんですが、今、目指しているのは、実質ゼロなので、そういう世界が可能であって、そういう世界を目指しているんだ、と意識を変えることがすごく大事だと思っています。「どうせ無理に決まっているけど、そういうふうに言うと誰かが儲かるから言っている」とか、「国が人々を管理したいから言っている」とか、冷笑的に斜《しゃ》に構えてみんなが考えていたら、本来、実現し得るものもしないと思うんです。できると理解できる人の割合がだんだん増えていくことが必要だと思っています。

2 温暖化対策に進んでいる企業・自治体・政治を応援しよう

江守：ここで僕が難しいと思うのは、「少しでも多くの人に考えてもらいたい」という言い方をすると、どうしても「一人ひとりができること」「身の回りで今日からできること」といって、使っていない部屋の電気を消す、水を出しっぱなしにしない、なるべく車に乗るのをやめて歩くと考えてしまう。ですが、それで終わってしまうと何も変わらないというか、実際にはほとんど効果はないです。1人の排出するCO_2が数%減るかもしれませんが、それでは国の排出量が実質ゼロにはならないわけです。だから、**もっと社会がどう変わらなくちゃいけないかに目を向ける**。たとえば、発電所がどう変わらなければいけないかとか、車はどういうのを売ってなくてはいけないとか、そういうことに興味を持ってもらいたいです。そして、それを**「応援する」**と言っているのですが、その方向に進んでいこうとしている企業・自治体・政治を支持する。そういう考え方が大事だと思います。

家庭からの二酸化炭素排出量（2018年度）

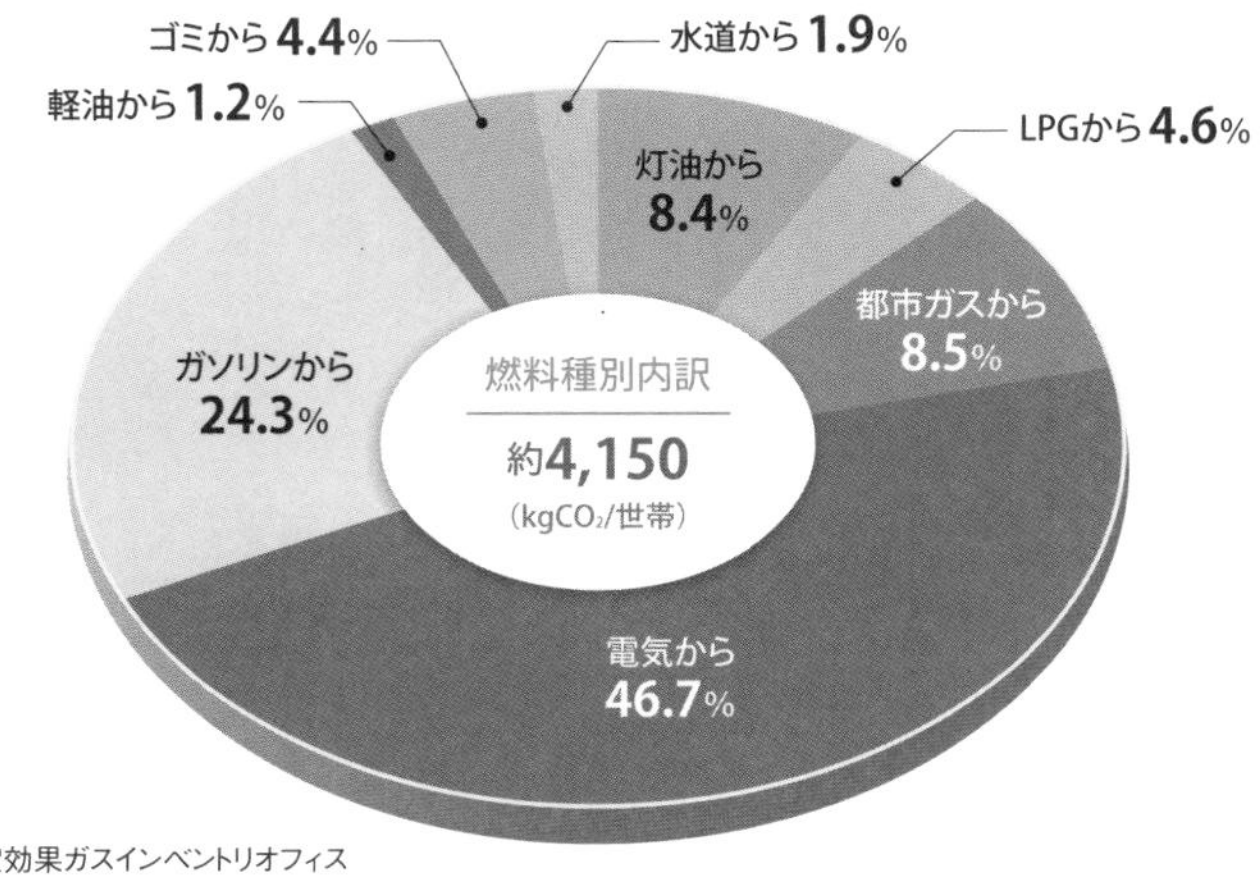

（出典）温室効果ガスインベントリオフィス

（1）電気の契約

個人ですぐできることは、電気の契約を変えることです。家庭からの二酸化炭素の半分近くは電気からです（上図参照）。家の電気をどこから買うかは選べますので、なるべく再生可能エネルギーでCO_2を出さないで作っている電気に変える。5分くらいで、ホームページでやればできるので。そうすると、再生可能エネルギー100％にしている電力会社のお客さんがどんどん増えて、そうではない会社のお客さんがどんどん減れば、仕組みが変わるわけですよね。仕組みが変わるような働きかけを一人ひとりがするということが大事です。

そのためには、国全体で、再生可能エネルギーの設備を作り、太陽、風力が変動しても停電しないようにする、そういうことが同時に起こるようにしないといけないですね。

日本のエネルギー源の推移（2000〜2018年）

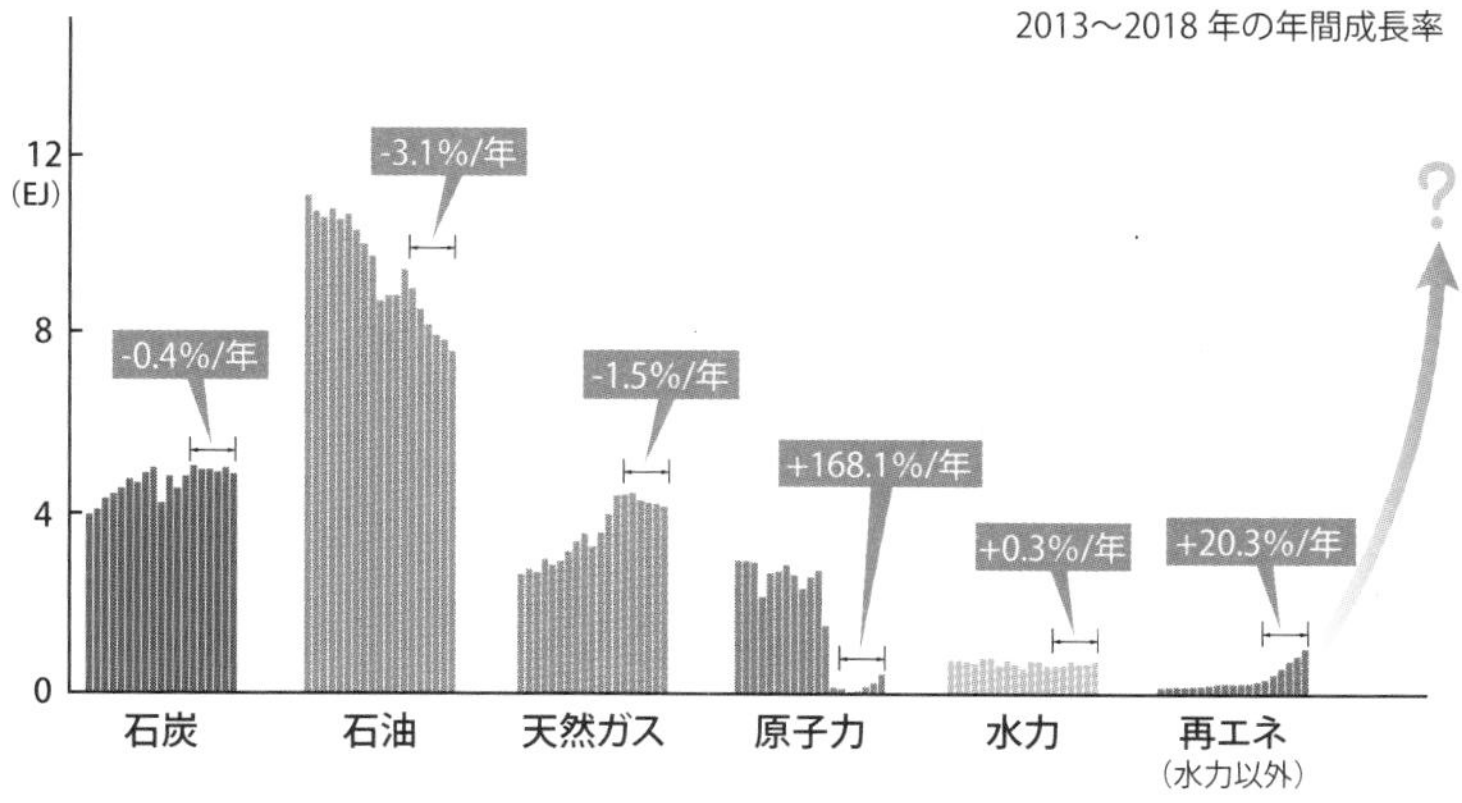

（出典）Global Carbon Project, 2019

さらに、そういう仕組みを作ろうとしている行政、企業が頑張らなくてはいけないので、私たちはそれを「応援していますよ」と気持ちを持つというのが大事です。たとえば、たまたま周りの人とそういう話になった時にも、世論調査や署名を求められた場合でも「私はこういうふうに応援しています」と表明できます。

（2）選挙

それから、選挙ですよね。気候変動問題は、海外では選挙の争点になって政治も動いていますが、日本では、選挙の争点にはならないですよね。僕がいろんなところで話しているのは、候補者が選挙運動をしていたら、近づいていき「あなたの気候変動政策について教えてください」と質問してくださいと。選挙期間中というのは有権者は有権者様なので、そういう時に働きかけをするのは良いんじゃないかと思います。

直接聞けばいいんですよ。答えられなかったら恥ずかしいですから。そういうふうに意識を向けるのも大事なんじゃないかと最近は思ってますけどね。自分もやったことがありますが、その人から答えは返ってきました。

（3）保険や銀行

また似たようなことですが、保険の外交員からの説明を聞いた後のアンケートの自由記述欄に保険金の運用で「石炭火力発電に投資をしないでください」と書きました。普段から思っていると、そういう時に出るんですよ。ここはチャンスだなとか。

奥村：銀行が何を投資をしているかなど、生活の中で「この企業はこうなんだ」と気づくこともあったのですが、どこの銀行を選ぶのかで変わってきますね。

江守：そうですね。この銀行はCO_2を出すところに融資をしているから、していない別の銀行に変えようと思った時、単に変えるだけではなくて「おたくの銀行はこういうところに投資をしているからです」と変える理由を伝えるんですよ。人知れず変える、人知れず選択をするのではなくて、ひとこと言うことが、プラスアルファのインパクトを与えると思うんですけどね。

奥村：理由を伝えてから変えないと、なぜ変えたか伝わらないですもんね。

江守：一般化すると、**メッセージを発する**ということです。**「自分はこういう社会を望んでいます**

よ」と。もちろん誰も見ていないところで行動することも大事ですが、より多くの人にメッセージとして伝えるようにすることも大事だと思います。

3　食料問題

奥村：温暖化対策、様々ありますが、たとえば、牛肉を食べないようにすることは、どう思われていますか？

江守：ムーブメントになれば効果はあると思います。畜産、とくに**牛や羊といった反芻《はんすう》動物は「メタンのげっぷをする」**と言いますが、草を消化する過程で胃の中でメタンを作って、吐き出しています。**メタンというのはCO$_2$より強力な温室効果ガスなので、温暖化の原因の一部**になっています。また、**牧草地や餌の畑を作るために森林を伐採している**ので、そこでもCO$_2$が出ています。あるいは、**外国から輸入する時**に飛行機を使えばCO$_2$が出てきます。

総合的に見ると、食料全般、とくに畜産から結構な温室効果ガスが出ていることは理解しなければいけない。ただ、食べることは文化にも関わるし、個人の自由、楽しみでもあるかもしれないので、一概にどうするという言い方は今のところしていませんが、僕自身は人知れず牛は最近あんまり食べないようにしています。家族も牛肉を買わなくなり、子どもがどうしても食べたい時以外は食べないようにしています。

ヨーロッパでは「アニマルウェルフェア」、つまり動物の福祉、人間が食べるために残酷な形でたくさんの命を処理していいのかという問題などいろいろな理由で食べない人は増えています。日本でも環境保護活動をしている若い人は、結構な割合で肉を食べない人はいますね。そのこと自体、意味のあることだと思います。

日本で大事に育てられた牛を、おめでたい時にたまに美味しくいただくというのは、全部やめる必要はないと思っていますがね。

奥村：そうですよね。難しいところではありますよね。食関係でいうと、フードマイレージ、フードロスなどのCO_2の排出があると思うんですけど、このあたりも効果はあるのでしょうか？

江守：そうですね。これもムーブメントにしようと思ってメッセージを発信しながらするのがいいと思います。地産地消をしたりフードロスを減らすのは大事で、最終的に流通の段階からロスが減っていかないといけないわけなんですよね。食料生産とか流通のところまで変化が及ばないと大きな違いというのは出てこないので、そういうことを目指して、取り組むことに意味はあると思います。

■現状をどう見る？

奥村：江守さんは長年、温暖化問題に関わり、なかなか変わらない状態も見てこられたと思いますが、今、どのような気持ちで温暖化問題に向き合っていらっしゃいますか？

江守：そうですね。**変わってきましたよ**。昔、自分がこうならなくてはいけないと思っていた方向に現実が近づいていると思います。パリ協定が2015年に合意されたこと、さかのぼると1992年の国連気候変動枠組条約、京都議定書と議論を見ていて、「何%減らします」という議論だったが、**世界でゼロにする議論をするようになって**、ヨーロッパなどではどうやってゼロにするか本気で考え始め、先進的な企業なども加わり、**今は、競争になっている**感じがしますよね。

奥村：日本もついに「2050年に温室効果ガス排出ゼロにする」と表明しましたね。

江守：はい。そうなんですよ。バイデン氏が就任し、アメリカもパリ協定に戻ってきますし、中国も2060年にゼロにすると言ったし、一気に世界はその競争が始まると言われていて、今までエネルギー産業、石油などを売っていた企業が、2050年に排出ゼロにすると言い出して、すごい変わり方ですよ。

エアコンの温度を気をつけるのは面倒だし、いろいろ考えるのが面倒くさいと思っている人も、世の中にはたくさんいると思うんですが、いつのまにか電力会社で作っている電気が再生可能エネルギーになっていけば、全く関心のない人も、いくら電気を使ってもCO_2は出なくなります。売っている車も電気自動車になって、しかも電気をCO_2を出さずに作っていれば、知らないうちに車に乗ってもCO_2は出ないようになりますので。今、世界は基本的にその方向を目指していますから。そのことに関して僕は楽観的です。

ただ、それが**十分な速さで行われるかどうかに関しては全然楽観していません**。1・5℃に止め

温室効果ガスの排出をどれだけ減らせばよいのか

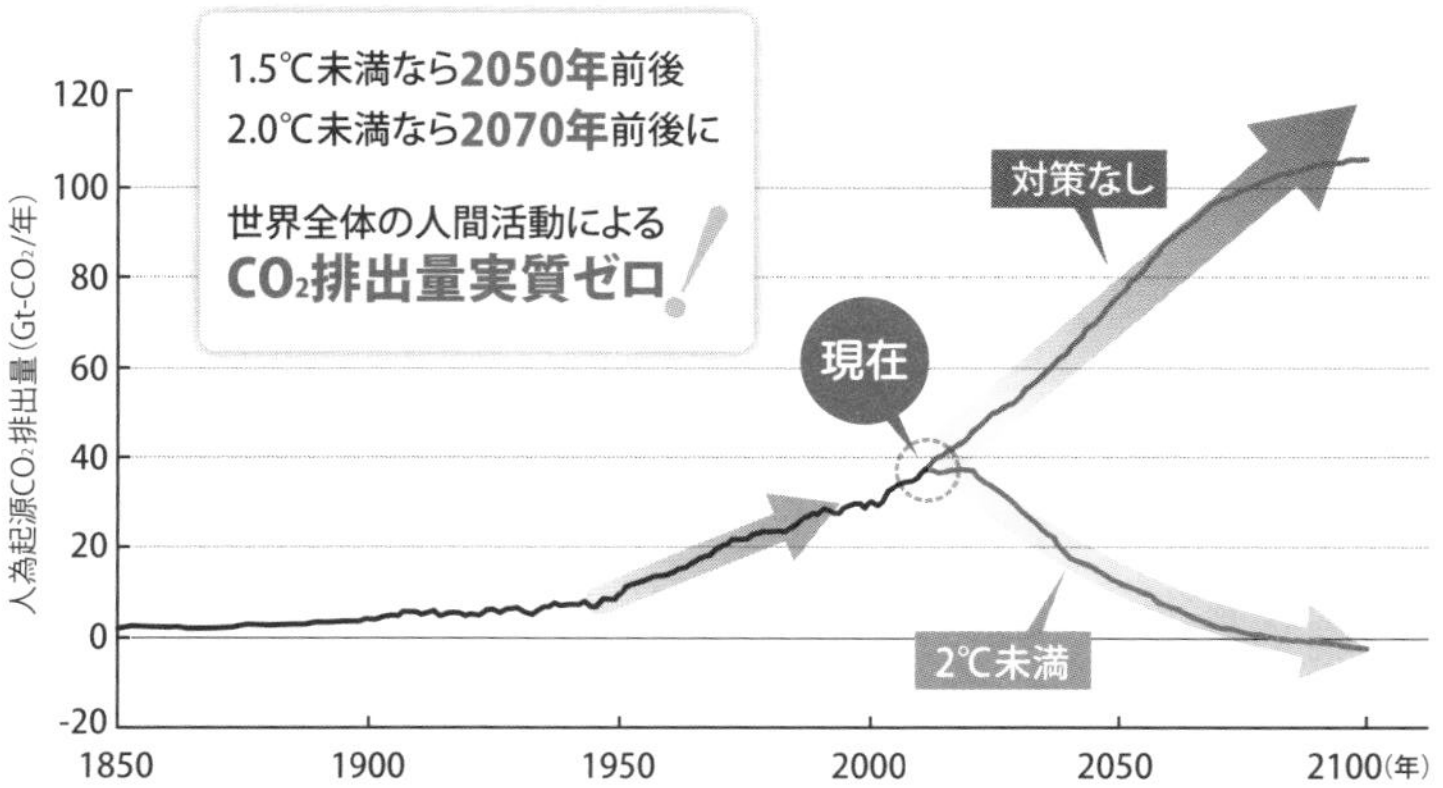

(出所)IPCC関連の各種資料から杉山昌広氏、朝山慎一郎氏が作成

るには2050年までに、**あと30年でCO_2排出実質ゼロにしないといけないのですが、残念ながらそういうペースでいろんなことは動いていない**ですよね。なので、**少しでも多くの人が関心をもってそれを後押ししていくことが、意味がある**のです。

奥村：「私たちは温暖化を止める最後の世代」と聞くようになりましたが、「私たちの世代で」ということをより意識したほうがいいということですね。

江守：そうですね。すごく**カギになるところに我々は生きている**んですよ。CO_2の排出は産業革命から今までダラダラと続いてきたから、責任は前の世代の人々にもあると思いがちですが、**実は人類の排出したトータルのCO_2の半分は過去30年に出ています。**だから、「**私たちは温暖化を止められる最後の世代**」であり、「**温暖化の影響を受ける最初の世代**」であると同時に、「**温暖化をすごく進めた張本**

人の世代」でもあるのですよ。人間の歴史の中で大変重要な転換点にたまたま生きていると、皆さん一人ひとりが感じてくれたらいいんじゃないかと思うのですよね。

奥村：江守さんは学生時代から気づいて、20年以上この問題に携われてこられました。

江守：残念ながら、日本はこの問題でも外圧で動いています。ただ、そこに**1ミリでも押すのに貢献できたとしたら、自分が生きた意味を感じます**。

■温暖化を止めることと備えること、「緩和と適応」とは？

奥村：世の中は変わってきていますけれども、一方で現実は気候変動しています。そこでどう備えていくかですが……。

江守：そうですね。**温暖化を止める話と備える話を、つまり「緩和と適応」の両方考える必要**があって、できれば**その間をさらにつなげてもらいたい**です。たとえば再生可能エネルギー、太陽光パネルに蓄電池までつけると自立電源になるんですよね。つまり、電力会社が停電した時でも、自立運転に切り替えると、そこだけ電気が使えるわけです。自宅でできればいいですが、地域の市役所、学校、病院、防災拠点など災害があった時に電気が止まると困るところに、再生可能エネルギーをそういう目的を兼ねて導入する。そうすると、再生可能エネルギーの普及なので、温暖化を止めるほうにも役立ち、防災の備えにもなっていると。両方考えてほしいと思っています。日本でも記録的な豪雨などで災害があると、温暖化の影響でこういうことが増えますよと、気象キャスターの方などが言っているのを聞いたこともありますが、その中で温暖化を止める話にはならないわけですよね。異常気象・気候変動・防災まではいっても、パリ協定、脱炭素とまでは行かなかったんです。でも、日本政府も脱炭素と言ったわけですし、そこはつながって語られるようになっていってほしいです。

奥村：災害の被災地に行くと、目を背《そむ》けたくなるような光景が広がっているわけですが、備えるだけでなく、未来に向けてさらに何をしていくかを考えないと、結局は「防災」にならないと感じていたので、私自身、防災と気候変動をつなげて、いろんな情報を発信していけるようになりたいと思っております。

江守：とても素晴らしいと思います。

■江守さんからのメッセージ

奥村：最後にメッセージをいただければと思います。

江守：**「常識は変わる」**このことをぜひイメージしてほしいなと思います。たとえば、30年前に「分煙」は無くて、タバコをどこでも吸っていましたが、今では信じられないわけです。常識が変わっているのです。常識が変わると、以前の常識のほうが信じられなくなる。同じように**今は「CO_2を出すのは仕方がない」という常識**ですが、そのうち常識が変わって、**「あの頃はよくあんなにCO_2を**

出していたよね」「信じられないよね」と、そういうふうになると僕は思っていますので、皆さんもそういうイメージを持って**常識を変える働きかけをする1人になってほしいな**と思います。

▶| Interview |◀

江守正多(えもり せいた)
国立環境研究所 地球環境研究センター 副センター長。
1970年神奈川県生まれ。東京大学教養学部卒業。同大学院総合文化研究科博士課程修了。1997年より国立環境研究所に勤務。2006年より国立環境研究所地球環境研究センター温暖化リスク評価研究室長、2011年より室名変更のため気候変動リスク評価研究室長。4月より2009年3月まで海洋研究開発機構地球環境フロンティア研究センターグループリーダー、2009年4月より2012年3月まで海洋研究開発機構IPCC貢献地球環境予測プロジェクト近未来気候変動予測研究グループサブリーダー、2006年4月より2012年3月まで東京大学大気海洋研究所客員准教授を兼務。専門は地球温暖化の将来予測とリスク論。気候変動に関する政府間パネル第5次評価報告書主執筆者。

4 過去の災害の経験に頼りすぎない

被災した方々にインタビューすると、必ず「これまで経験したことがない」「何十年住んでいるけど初めて」と口にします。東日本大震災のような想定以上の津波が押し寄せたり、熊本地震のように震度7が立て続けに襲ったり、**これまでにない災害が起きているのです。**

人間は、どうしても過去の経験から物事を判断してしまいます。もちろん、これまでの災害から教訓を学び、それを基に備えることは大切なのですが、二度と同じ災害は起きません。

東日本大震災の時、多くの方が、過去の津波の経験から「**家までは津波は来ないのではないかと思った**」と話されていました。

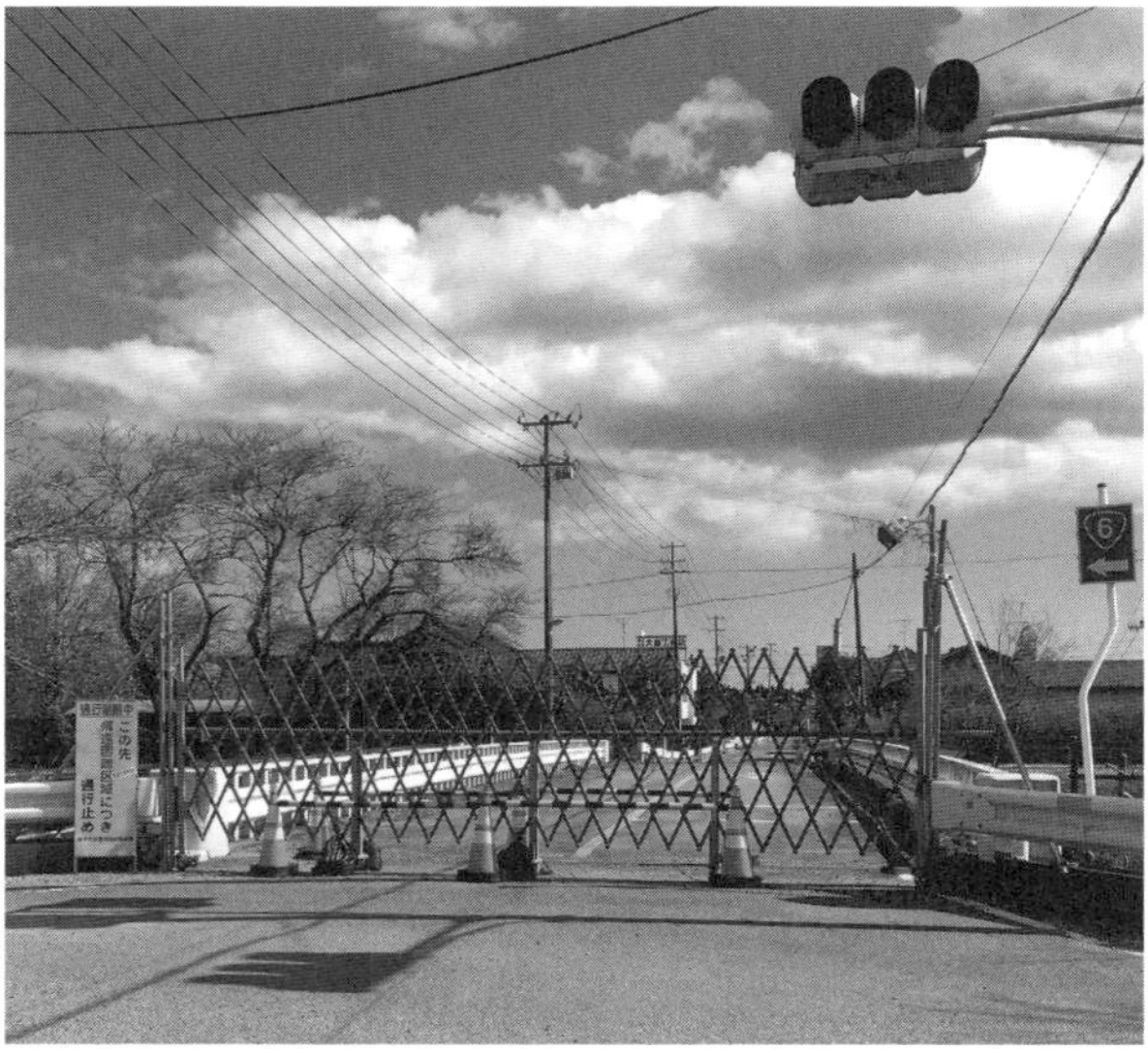

東日本大震災（福島県・帰還困難区域）

その約1年前の2010年2月28日。チリで起きた地震の影響で津波警報が発表されました。水産業などには影響が出ましたが、人的被害はありませんでした。また、東日本大震災が起きる2日前（2011年3月9日）にも地震があり、津波注意報が発表されましたが、この時も大きな被害はありませんでした。こうした過去の経験が人々の避難を遅らせた可能性もあるのではと思います。

それは、水害の現場でも感じます。たとえば、令和2年7月豪雨で被災した熊本県人吉市の高齢の女性は「子どもの時水害にあったが、その時は膝くらいまでだった。堤防も高くしたりと対策もしているから、避難しなくても大丈夫だろうと思っていた」と。しかし、実際には2メートルくらい、1階の軒下まで水が迫って来たということでした。

私たち人間は**「正常性バイアス」**を持っています。「自分は大丈夫だろう」と思い込んで、危険を過小評価したり、避難しなかったり……。そういう生き物だと理解し、「自分は大丈夫ではない」から、**これまで以上にしっかり備えておこう、これまで以上に早く避難しようと心がけることが大切**だと思っています。

私たちは気候変動、気候危機と向き合い、これまで経験したことのない災害から子どもと自分の命を守らなくてはいけません。温暖化対策×防災に取り組むことで、少しでも被害を減らし、子どもたちに持続可能な未来を残していければ幸いです。

この本を読むことで、きっとあなたの防災力はアップしています。ぜひ、日々の暮らしの中で「サステナブルな防災」に一緒に取り組んでいければ嬉しいです。

■おわりに

これまでの災害で亡くなられた方々のご冥福をお祈りすると共に、ご遺族の皆さまにお悔やみ申し上げます。また、未だ行方不明の方が一日も早く発見されることをお祈り申し上げます。そして、今もなお避難生活を余儀なくされている方々にお見舞い申し上げます。

「声なき声に耳を傾ける」

私の心の中に常にあるのは、災害で命を失った人たちが、どんなことを訴えたいと思っているのか、ということです。

私が防災に取り組むようになった原点、東日本大震災から10年となります。この10年間、日本全国、様々な災害の現場で取材に協力してくださった皆様に深く深く感謝申し上げます。大変な状況にもかかわらず、言葉を紡いでくださった皆さまとの出会いがあったからこそ、防災への思いが強くなりました。また、災害ボランティアで受け入れてくださった皆さま、力になれなかったばかりか、多くのことを学ばせて頂きました。全ての出会いがあってこの本を書くことができました。感謝の気持ちでいっぱいです

この本への掲載のためにインタビューに応じてくださった専門家の皆様、
産婦人科医　吉田穂波様、

母と子の育児支援ネットワーク　本郷寛子様、
福祉防災コミュニティ協会　代表理事　鍵屋一様、
防災住宅研究所　所長　児玉猛治様、
国立環境研究所　地球環境研究センター副センター長　江守正多様、
また、取材に協力頂いた、東京大学 目黒公郎教授、新生児科医　奥起久子先生、東北大学大学院歯学研究科　小関健由先生、福岡大学　渡辺亮一教授、循環生活研究所　たいら由以子様、アウトドア防災ガイド　あんどうりす様ほか、行政機関、研究機関の皆様。この場をお借りして心より感謝申し上げます。

この本を読んで、わからないこと、もっと知りたいことなどありましたら、ぜひ、奥村奈津美のオンライン防災訓練にご参加下さい。個別にご相談に乗ることもできます。読者限定の公式LINEにご登録頂き、メッセージを頂ければ幸いです。

防災情報を一人ひとりにしっかり手渡し、災害で犠牲になる人がこれ以上出ないよう願いを込めて努めてまいります。

最後にTBS「はなまるマーケット」時代に取材させて頂いたご縁で、出版の機会を作ってくださった辰巳出版の湯浅勝也様、そして、協力してくださった全ての方々に感謝申し上げます。

2021年3月吉日

奥村奈津美

●参考文献

目黒公郎「間違いだらけの地震対策」旬報社
目黒公郎「在宅避難生活のススメ」株式会社プラネックス
株式会社レスキューナウ「大地震・火災・津波に備える震災から身を守る52の方法改訂版」株式会社アスコム
NHKスペシャル取材班「震度7何が生死を分けたのか~埋もれたデータ21年目の真実~」KKベストセラーズ
牛山素行「防災に役立つ地域の調べ方講座」古今書院
山村武彦「台風防災の新常識」戎光祥出版
みんなの防災部「防災かあさん」羽鳥書店
児玉猛治「巨大災害から「命を守る」のは「家」だ　防災住宅」防災住宅研究所

◎著者プロフィール

奥村奈津美（おくむら　なつみ）

1982年　東京生まれ。

広島、仙台で地方局アナウンサーとして活動。その後、東京に戻りフリーアナウンサーに。TBS『はなまるマーケット』で「はなまるアナ」（リポーター）を務めるほか、NHK『ニュースウオッチ9』や『NHKジャーナル』など報道番組を長年担当。東日本大震災を仙台のアナウンサーとして経験。以来10年間、全国の被災地を訪れ、取材や支援ボランティアに力を入れる。防災士、福祉防災認定コーチとして防災活動に携わるとともに、環境省 森里川海プロジェクトアンバサダーとして「防災×気候変動」をテーマに取材、発信中。一児の母。

コロナ禍での複合災害への備えの重要性を伝えるため、2020年緊急事態宣言後、「オンライン防災訓練」を毎週開催している。

詳しくはQRコードから読者限定ページへ。

読者限定HP

企画・進行▶ 湯浅勝也
販売部担当▶ 杉野友昭　西牧孝　木村俊介
販売部▶ 辻野純一　薗田幸浩　亀井紀久正　平田俊也　鈴木将仁
営業部▶ 平島実　荒牧義人
広報宣伝室▶ 遠藤あけ美
メディア・プロモーション▶ 保坂陽介
FAX：03-5360-8052　Mail:info@TG-NET.co.jp

「インタビュー」
◎ 吉田穂波（産婦人科医）
◎ 本郷寛子（母と子の育児支援ネットワーク）
◎ 鍵屋　一（福祉防災コミュニティ協会）
◎ 江守正多（国立環境研究所）
◎ 児玉猛治（防災住宅研究所）

「取材協力」
◎ 目黒公郎（東京大学）
◎ 奥起久子（新生児科医）
◎ 小関健由（東北大学大学院）
◎ 渡辺亮一（福岡大学）
◎ たいら由以子（ローカルフードサイクリング・循環生活研究所）
◎ あんどうりす（アウトドア防災ガイド）

子どもの命と未来を守る！「防災」新常識
～パパ、ママができる!! 水害・地震への備え～

2021年 3月25日　初版第1刷発行

著　者　奥村奈津美
発行者　廣瀬和二
発行所　辰巳出版株式会社
〒160-0022
東京都新宿区新宿 2丁目15番14号　辰巳ビル
TEL　03-5360-8960（編集部）
TEL　03-5360-8064（販売部）
FAX　03-5360-8951（販売部）
URL　http://www.TG-NET.co.jp

印刷・製本　図書印刷株式会社

ISBN978-4-7778-2707-7　C2077